大展好書　好書大展
品嘗好書　冠群可期

大展好書　好書大展
品嘗好書　冠群可期

武學名家典籍校注 1

楊澄甫太極拳使用法

楊澄甫 著
邵奇青 校注

大展出版社有限公司

出版人語

武術作為中華民族文化的重要載體，集合了傳統文化中哲學、天文、地理、兵法、中醫、經絡、心理等學科精髓，它對人與自然和諧共生關係的獨到闡釋，它的技擊方法和養生理念，在中華浩如煙海的文化典籍中獨放異彩。

隨著學術界對中華武學的日益重視，北京科學技術出版社應國內外研究者對武學典籍的迫切需求，於二〇一五年決策組建了「人文・武術圖書事業部」，而該部成立伊始的主要任務之一，就是編纂出版「武學名家典籍」系列叢書。

入選本套叢書的作者，基本界定為民國以降的武術技擊家、武術理論家及武術活動家，而之所以會有這個界定，是因為民國時期的武術，在中國武術的發展史上佔據著重要的位置。在這個時期，中、西文化日漸交流與融合，傳統武術從形式到內容，從理論到實踐，都發生了巨大的變化，這種變化，深刻干預了近現代中國武術的走向。

這一時期，在各自領域「獨成一家」的許多武術人，之所以被稱為「名人」，是因為他們的武學思想及實踐，對當時及現世武術的影響深遠，甚至成為近一百年來武學研究者辨識方向的座標。這些人的「名」，名在有武術的真才實學，名在對後世武術傳承永不磨滅的貢獻。他們的各種武學著作堪稱為「名著」，是中華傳統武學文化極其珍貴的經典史料，具有很高的文物價值、史料價值和學術價值。

首批推出的「武學名家典籍」校注第一輯，將以當世最有影響力的太極拳為主要內容，收入了著名楊式太極拳家楊澄甫先生的《太極拳使用法》《太極拳體用全書》；武學教育家陳微明先生的《太極拳術》《太極劍》《太極答問》；一代武學大家孫祿堂先生的《形意拳學》

《八卦拳學》《太極拳學》《八卦劍學》《拳意述真》。民國時期的太極拳著作，在整個太極拳發展史上佔有舉足輕重的地位。當時的太極拳著作，正處在從傳統的手抄本形式向現代著作出版形式完成過渡的時期；同時也是傳統太極拳向現代太極拳過渡的關鍵時期。這一歷史時期的太極拳著作，不僅忠實地記載了太極拳架的衍變和最終定型，而且還構建了較為完備的太極拳技術和理論體系，而孫祿堂先生的武學著作及體現的武學理念，特別是他首先提出的「拳與道合」思想，更是使中國武學產生了質的昇華。

這些名著及其作者，在當時那個年代已具有廣泛的影響力，而時隔近百年之後，它們對於現階段的拳學研究依然具有指導作用，依然被太極拳研究者、愛好者奉為宗師，奉為經典。對其多方位、多層面地系統研究，是我們今天深入認識傳統武學價值，更好地繼承、發展、弘揚民族文化的一項重要內容。

本叢書由國內外著名專家或原書作者的後人以規範的要求對原文進行點校、注釋和導讀，梳理過程中尊重大師原作，力求經得起廣大讀者的推敲和時間的考驗，再現經典。

「武學名家典籍」校注，將是一個展現名家、研究名家的平臺，我們希望，隨著本叢書第一輯、第二輯、第三輯……的陸續出版，中國近現代武術的整體風貌，會逐漸展現在每一位讀者的面前；我們更希望，每一位讀者，把您心儀的武術家推薦給我們，把您知道的武學典籍介紹給我們，把您研讀詮釋這些武術家及其武學典籍的心得體會告訴我們。我們相信，「武學名家典籍」校注這個平臺，在廣大武學愛好者、研究者和我們這些出版人的共同努力下，會越辦越好。

導讀

一

道光二十二年（一八四二年），時任刑部四川司員外郎的同鄉武汝清引薦楊祿禪到北京教拳，太極拳由此開始從山村走進了城市，並逐漸向全國輻射。一九一二年，楊澄甫先生開始在北京中山公園設立拳場，公開傳授楊式太極拳、劍、刀、槍的架式。一九二八年，楊澄甫先生應南京中央國術館館長張之江先生之聘請到達南京；一九二九年，來到上海教授楊式太極拳。

從楊澄甫先生南下開始，楊式太極拳形成了以上海、北京為中心並向周邊以至全國範圍輻射的態勢。據不完全統計，民國時期，先後在上海成立的武術組織，除精武體育會、中華武術會之外的太極拳社有三十多家，有人形容道：「十里洋場亦是十里武場。」

隨著太極拳的廣泛傳播和社會各階層需求的增加，有關太極拳經典理論、太極哲理、太極源流、習練套路和科學研究的各類著述也應運而生，當時的出版機制也在一定程度上適應並滿足了社會需求。

一九二七年至一九三七年，是我國近代史的「黃金十年」。著名史學家周谷城先生曾說：「一段時間裡，中國幾乎變成了世界學術的縮影，各種主義、黨派、學派、宗教紛紛傳入，形形色色，應有盡有……在學術思想界、文化教育界，產生了許多前所未有的代表人物和代表著作，呈現出空前繁榮的景象。」這為太極拳的廣泛傳播創造了良好的外部環境。

這個時期出版的武學著作大致可以分為兩類：一類是綜合性的武術著作，一類是太極拳專著。據統計，民國時期共出版太極拳專著五十六種，有些著作「旬月而罄，再版後仍不足供需求」（許禹生《太極拳勢圖解・李劍華跋》，體育研究社一九二一年版）。例如，姜容樵和姚馥春兩位先生的《太極拳講義》、馬永勝先生的《新太極拳書》、余化行先生的《太極拳全書》、吳志青先生的《六路短拳圖說》、李壽籛先生的《武當嫡派太極拳術》、徐致一先生的《太極拳淺說》、褚民誼先生的《太極操》、黃元秀先生的《太極要義》等都有再版。

尤其是許禹生先生的《太極拳勢圖解》，於一九二一年十二月初版後，分別在一九二五年、一九二九年、一九三一年、一九三四年多次重印。孫祿堂的《太極拳學》在一九一九年出版後也重印了四次。值得一提的是，許多政府首腦、行政官員、著名學者、文化精英、武術名宿等，都為這些太極拳著作留下了題詞。

太極拳專著出版在上海最為集中，當時有名的太極拳家幾乎都在上海開設武館教授太極拳，因此習練者眾多。中華書局、商務印書館、大東書局等著名出版社都出版過太極拳著作。另外，北京、蘇州、南京、濟南、長沙、開封、西安、昆明和重慶十個城市也出版過太極拳著作。

民國時期印刷出版業的發達，帶來了太極拳著作大量面世的首個繁榮期，太極拳的經典理論得到廣泛傳播，不僅增進了民眾對太極拳的瞭解，也對太極拳以後的發展產生了不可低估的影響。同時，這些前人的專著，在今天也成為習拳愛好者競相收藏的經典。

二

《太極拳使用法》係楊澄甫口述，弟子董英傑編輯助記，民國二十一年（一九三一年）由文光印務館印製、神州國光社發行。書中主要內容為「演練法」「使用法」「四正四隅推手法」「太極槍」，以及太極拳譜、楊家秘譜和先師軼事。

書中「演練法」圖片為楊澄甫先生的拳照，「四正推手」和「太極槍」圖片是田兆麟和董英傑兩先生的拳照，「太極槍」圖片是《太極拳使用法》中的一個亮點，「使用法」拳照中與楊澄甫先生對手的是張慶霖先生（一說是楊守中）。《太極拳使用法》面世不久，據說是因「文字俚俗」的原因，楊澄甫即令把書鋪中未售出之書收回並焚毀，因此該原版書流傳不廣。

《太極拳使用法》出版五年後，唐豪先生在《王宗岳太極拳經・陰符槍譜》（上海武術學會一九三六年五月版）中，敘述了毀書的原因：「楊澄甫《太極拳使用法》出版後，交神州國光社發行。因為內容太質而不文，例如：書中（一四七頁）『有說一力強十會』之下注『有禮』兩字；（一四八頁）『我說一巧破千斤』之下注『不錯』兩字。這都是江湖套話，號稱能文章的楊氏弟子，看見了覺得面子上有些那個，反對將該書出售。所以不久即行收回，現已不易購得。」

關於成書前稿件的彙編過程，葉大密先生的弟子金仁霖老師在《我所知道的〈太極拳使用法〉和〈太極拳體用全書〉的編寫經過》一文，以及所藏的《太極拳使用法》中的批語上均有記述：「一九二九年，楊澄甫老師帶了眷屬和學生董英傑老師從南京來到上海……一天，楊澄甫老師拿了《太極拳使用法》裡的拳架、推手、大攦、使用法、對杆等照片和部分初稿，以及家傳《老譜》（即三十二目，實有四十目）等資料……交給社長葉大密老師，要葉老師為他整理訂正好《使用法》草稿、圖照等，準備出版。」

當時因葉大密老師教務太繁，無暇動筆而耽擱了一段時間。「同年不久，楊澄甫老師又受聘於杭州國術館任教務長……葉老師就推薦當時正擔任愛國女中校長的社員季融五老先生和楊澄甫老師同去杭州，一邊聆教，一邊詳加修改……可惜楊澄甫老師出版之心甚急，未蒙採納，匆匆將照片、原稿等資料，交董英傑老師整理一遍後，送文光印務館排印出版。一九三一年一月，由神州國光社出售。書中文言、白話、俚語、俗語混雜，很不協調，圖解說明錯漏又多。」因此，楊澄甫先生收回《太極拳使用法》並焚毀之亦是必然。

筆者認為，楊澄甫先生焚毀《太極拳使用法》的原因並非如此簡單。自一九一九年，太極拳發展史上第一部公開出版的著作《太極拳學》（孫祿堂編著，上海中華書局印製）面世，至《太極拳使用法》出版前的十年間，先後有許禹生、陳微明、徐致一、吳圖南、吳鑒泉、姜容樵、姚馥春、金倜生等太極拳名家的十餘種太極拳專著相繼面世，作為當時在太極拳界具有舉足輕重之分量的楊澄甫，當然難以淡定。因此，在一九二八年時拍攝了第二套拳照，備妥了初稿等資料，匆忙交付印製，並於一九三一年正式出版。

書中首次向社會公開了楊家藏秘傳之拳經拳譜《老譜三十二目》中的十五篇和《大小太極解》《太極用法秘訣》《審敵法》《單人用功

法》《散手對敵圖》，以及董英傑先生披露楊家的實戰軼聞等資料。當初公開這些珍貴的楊家武學文獻，是楊澄甫先生授意還是董英傑先生自作主張已無從查考，但這些卻是《太極拳使用法》一書的真正價值所在，也是研習楊家太極拳的重要參考資料。

不過，《太極拳使用法》無論在文字編輯、內容編排，還是版式處理，都難以和他人的拳著比肩。更重要的是，上述這些珍貴資料，畢竟是楊家從不輕易示眾的鎮宅之寶。鑒於這兩個原因，楊澄甫先生斷然即令焚書之舉亦無可非議。以《太極拳使用法》的內容為底稿，由鄭曼青整理編輯的《太極拳體用全書》（《太極拳體用全書》，原書名為《太極拳體用全書第一集》，因日後並未出版續集，故太極拳界習慣稱其為《太極拳體用全書》，本文沿用此種說法。）的內容中，已抽去了上述文獻資料。鄭曼青先生在《鄭子太極拳十三篇》的「自序」中，道出了其中原委：「楊師澄甫以家傳絕業，未肯輕易教授，正恐傳非其人，故僅述體用之梗概，以傳乎世耳。」由此可見，「正恐傳非其人」才是焚毀《太極拳使用法》的重要原因。

在《太極拳使用法》未售餘書被焚毀的五年以後，《三十二目》便陸續面世：一九三六年，吳公藻先生在出版的《太極拳講義》（上海鑒泉太極拳研究社）中全本披露了影印件，抄本題名為《太極法說》；一九四八年，董英傑先生在《太極拳釋義》（中華書局版）中登載了二十四篇；一九六四年，顧留馨先生在其編著的《太極拳研究》（人民體育出版社）中登載了十四篇；一九九一年，沈壽先生在其點校的《太極拳譜》（人民體育出版社）中全部登載；一九九三年，楊振基先生在《楊澄甫式太極拳》（廣西民族出版社）中全本登載了祖傳影印件；二〇一〇年，梅墨生、李樹峻兩先生在編著的《李經梧太極內功及所藏秘譜》（當代中國出版社）中全本登載了趙鐵庵所傳、梅墨生抄本的影印件，抄本題名為《太極拳秘宗》。

以《太極拳使用法》的內容為底稿，由鄭曼青先生整理編輯的《體用全書》的「例言」部分，一改《太極拳使用法》「凡例」中「無論男女老幼皆相宜。小兒六歲以上，老者六十歲以外，皆能習學」的習練之對象，而為「世之有願衛身養性，卻病延年者，無論騷人墨客，羸弱病夫，以至老幼閨人，皆可學習」。鄭曼青先生在「序」中說道：「世之欲攝生養性者，手各一編，瞭如指掌。」

由此可見，《太極拳體用全書》在內容中，剔除了《太極拳使用法》中楊家老拳譜《三十二目》中的相關內容和《大小太極解》《太極用法秘訣》《審敵法》《單人用功法》等珍貴的實戰文獻，以及多篇實戰「軼聞」，而成為一本以大眾習練者為對象、以「養生為本，技擊為末」為宗旨、以「文練」為主導的太極拳教材。

葉大密先生在一九六七年六月二十五日寫的《談談我的推手體會》中，談到「靠壁運氣」的方法：「此法是先師河北永年楊澄甫老先生在滬時來我家親自傳授，師娘不知道，在他家是不會傳我的，故我異常感激，特志此以為紀念。」從葉大密先生的這段話中，可以瞭解楊澄甫先生在客觀因素上，或會受到家眷的約束，某些招數或特殊訓練方法的拳秘是不輕易外傳的，這不僅僅是拳門之密，在當時靠手藝為生的三百六十行中皆如此，所謂「教會徒弟，餓死師父」「傳子不傳女」等，在過去是很普遍的現象，也是一種根深蒂固的閉鎖看家本領的習俗。

在楊祿禪先生普及太極拳之前，太極拳是鮮為人知的封閉式教授。楊祿禪先生三赴陳家溝，歷時十餘年，才學得陳長興先生絕密之拳技功夫，楊家之後均以專業授拳為生，除了如牛鏡軒、田兆麟等極個別弟子，少有人能夠得到楊家和盤托出之惠。由此可見，「正恐傳非其人」亦是當時收回並焚毀《太極拳使用法》，變以「衛身養性，卻病延年」為宗旨的《太極拳體用全書》的重要原因。

目錄

楊澄甫先生著

太極拳使用法

黃居素署

《太極拳使用法》

楊澄甫[①]先生著

黃居素[②]署

【注釋】

①楊澄甫（一八八三年七月十一日～一九三六年三月三日），名兆清，字澄甫，河北省永年縣人。出身太極拳世家，為楊式太極拳創始人楊祿禪之孫，楊健侯之第三子。其二伯父楊班侯、長兄楊少侯均以太極拳術著稱。楊澄甫自幼得父調教，秉性悟學，拳藝精熟。他一九〇二年在北京助父傳授拳藝，成為職業拳師；一九二八年，始應邀至南京、上海、廣州等地教學，並先後受聘於中央國術館、浙江國術館，任教務長等職。楊澄甫在長期習拳、授拳過程中，對楊式太極拳進行了系統總結，並進行了大幅度加工，定型了楊式太極拳技術體系的基本框架，形成開合

簡潔、平易柔和、立身安舒、輕靈灑脫而易於推廣傳播的大架，促進了楊式太極拳的普及。他一生中弟子眾多，影響遍及海內外，也因此被譽為楊式太極拳承前啟後的大家。

②黃居素（一八九七年五月十六日～一九八六年三月二十二日），祖籍廣東嘉應州（今廣東梅州市嘉應新區）。幼年家貧，學無常師，曾從鄭哲園習古籍，並從事報業工作，一度修習佛典。早年追隨孫中山，曾任廣東省政府委員、南京國民政府首居立法委員等職。後隨近代中國名畫家黃賓虹學習山水畫，與黃賓虹及王禮錫同為上海神州國光社主辦人之一。二十世紀三〇年代初移居香港，新中國成立後被聘為中央文史館館員。

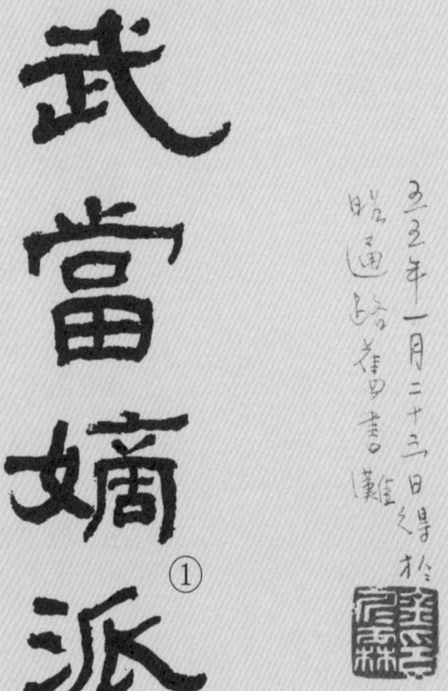
武當嫡派①
五三年一月二十三日得於
昭通路舊書攤

注　釋

①嫡：本義為封建宗法制度中的正妻和正妻一支的子孫（區別於「庶」），後亦用以形容系統最近的、正統的。嫡派，即嫡系或嫡傳，指最正統的傳承。

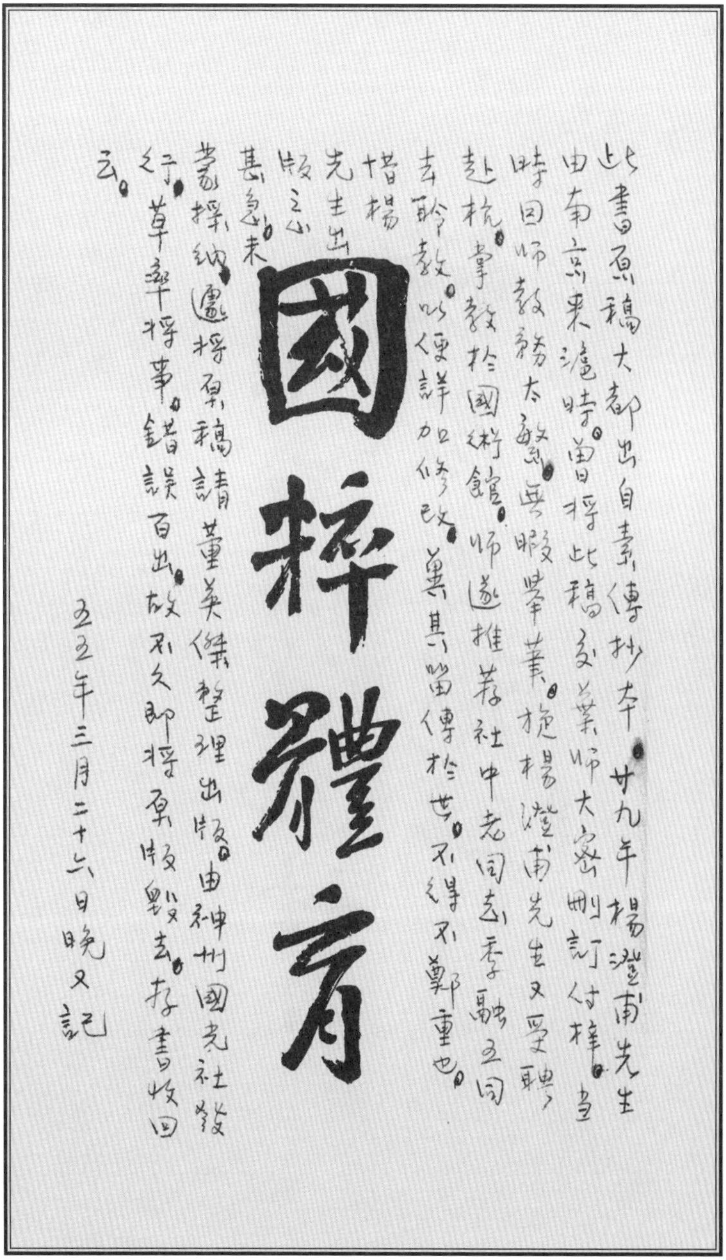

國粹體育

此書原稿大都出自素傳抄本。廿九年楊澄甫先生由南京來滬時。曾將此稿交受業師大容刪訂付梓。查時因師教務太繁。無暇舉筆。旋楊澄甫先生又受聘赴杭。掌教於國術館。師遂推薦社中老同志李融五同志聆教。以便詳加修改。冀其留傳於世。不得不鄭重也。惜楊先生出版之心甚急。未遑採納。遂將原稿請董英傑整理出版。由神州國光社發行。草率將事。錯誤百出。故不久即將原版毀去。存書收回云。

五五年三月二十六日晚又記

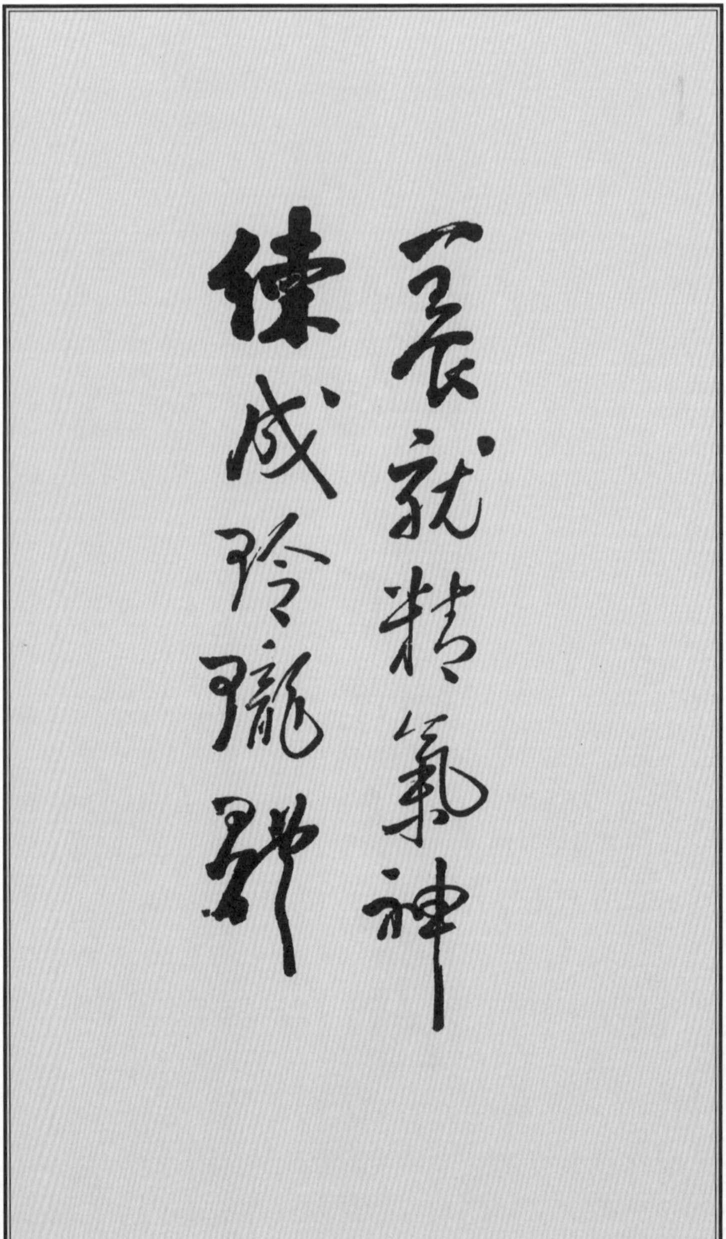
養就精氣神
練成玲瓏膽

養就精氣神，練成玲瓏①體

【注釋】

①玲瓏：指物體精巧細緻，指人靈巧敏捷。

按：精氣神是道教內丹學術語。

精，泛指有形狀態之精微物質，對人來說，「精」則指構成人體生命活動的各層次的有形元素，常呈固體或液體狀態。

氣，泛指無形狀態之精微物質，對人來說，「氣」則指構成人體生命活動的無形的基本元素，常呈氣體狀態。

神，泛指精氣之活力，對人來說，「神」則指構成人體生命活動的各層次的形態功能變化活力。

明代思想家呂坤在《呻吟語》中關於精、氣、神三者之內在關係，頗具見解：「氣有為而無知，神有知而無為。精者，無知無為，而有知有為之母也。精，天一也，屬水，水生氣；氣，純陽也，屬火，火生神；神，太虛也，屬無，而麗於有。精盛則氣盛，精衰則氣衰，故甑涸而不蒸。氣存則神存，氣亡則神亡，故燭盡而火滅。」

意思是：氣有作為但沒有知覺，神有知覺卻沒有作為。精，既沒有知覺也沒有作為，但它是有知覺、有作為的根本。精與上天合而為一，本性隸屬於水，而水又產生氣；氣，屬於純陽，本性隸屬於火，火又產生神；神，是深奧虛無的，本性當屬無，卻又依附於有。精滿了氣也就盛，精弱了氣也就衰竭。所以，蒸飯時用的瓦盆中水乾了就不能再蒸了，氣能充足那麼神也能儲備，氣消失了那麼神也不復存在，所以蠟燭燃盡之時火也就熄滅了。

楊健侯先師遺像

注釋

①楊健侯（一八三九～一九一七年）：楊式太極拳傳人，楊式太極拳第二代宗師。名鑒，號鏡湖。楊祿禪第三子，人稱「三先生」。自幼隨父習拳，拳術剛柔並濟，出神入化。為人寬厚，秉性溫和。曾在北京協助父親授拳，楊祿禪逝世後，他繼續在京授拳。

著者楊澄甫

田　兆　麟

武　匯　川

王 旭 東

董 英 傑

李 得 芳

閻 仲 魁

姜 延 選

楊 振 銘

李 椿 年

褚 桂 亭

郭蔭棠

徐岱山

楊開儒

張慶麟

張三峯先師傳拳譜

三峯師傳山右王宗岳

- 河南——後又傳陳家溝陳長興
  - 陽祿禪
  - 李百魁
  - 及子姪輩
- 張松溪
- 王來咸

為浙江東支派惜已失傳

祿禪師傳

- 鳳侯傳子……兆林字振遠
- 班侯傳……外姓數人
- 健侯傳子……兆清字澄甫
- 傳……外姓數人

澄甫老師傳—

楊兆鵬
武振海（字匯川）
田兆麟
董英傑
王旭東
閻月川
牛鏡軒
田作林
徐岱山
褚桂亭
劉論山
李得芳

李春年
陳微明
楊鳳岐
張欽霖
鄭佐平
王其和
崔立志
王鏡清
楊振聲
楊振銘
楊振基
姜廷選

陳光愷
張慶麟
王保還
形玉臣
劉盡臣
匡克明
楊鴻志
（師孫）楊開儒
于化行
（女士）濮玉（與第二人）
（女士）滕南璇
奚誠甫

朱紉芝
郭陰棠
（師孫）吳萬琳
（師孫）孫件英
李萬程
張種交

田兆麟傳

葉大密　張景淇　陳一虎　施承志　陳志進　鄭佐平

楊開儒　錢西樵　陳志遠　張　強　何瑞明　沈爾喬

何士鑣　周學淵　周學芬　張寶鳳　崇壽水

董英傑傳

劉同祿　連忠恕　張　忻　陳　寧　顏福廷

郝　奇　宗之鴻　宗毛三　孫僧齡

太極圖

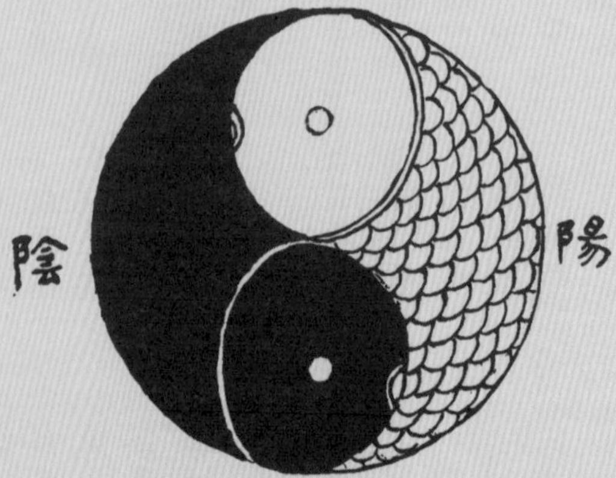

太極圖之義陰陽相生剛柔相濟千變萬化太極拳即由此而出也推手即太極之圖形

太極圖①

太極圖之義：陰陽相生，剛柔相濟②，千變萬化。太極拳即由此而出也，推手即太極之圖形。

【注釋】

①太極圖：原名《無極圖》，據傳是五代至宋初的道士陳摶傳出，陳摶對內丹術和易學都有很深造詣。據史書記載，陳摶曾將《太極圖》《先天圖》《河圖》以及《洛書》傳給其學生種放，種放以之分別傳穆修、李溉等人，後來穆修將《太極圖》傳給周敦頤。周敦頤著《太極圖說》加以解釋。現在我們看到的太極圖，就是周敦頤所傳的。《太極圖說》全文二四九字。該文認為，「太極」是宇宙的本原，人和萬物都是由於陰陽二氣和水火木金土五行相互作用構成的。五行統一於陰陽，陰陽統一於太極。

②陰陽相生，剛柔相濟：據北宋理學家邵雍在《漁樵問對》中所解：陰陽剛柔就是四象。天際宇宙由陰陽而誕生，大地河山由剛柔而誕生。所有事物的根本，於此為極點。

太極拳原序

太極拳傳自張真人。真人，遼東懿州人，道號三峰，生宋末。身高七尺，鶴骨松姿，面如古月，慈眉善目，修髯如戟①，頂作一髻②，寒暑唯一箬笠③，手持拂塵④，日行千里。洪武⑤初，至蜀太和山修煉，結庵玉虛宮，經書一覽成誦⑥。洪武二十七年⑦，又入湖北武當山，與鄉人論經書談說不倦。一日在屋誦經，有喜雀在院，其鳴如諍論。真人由窗視之，雀在柏樹，如鷹下觀。地上有一長蛇蟠結⑧，仰視。二物相爭。雀鳴聲飛下展翅扇打，長蛇搖首微閃，躲過雀翅，雀自下隨飛樹上。少時性燥，又飛下翅打，長蛇又蜿蜒輕身閃過，仍作盤形。如是多次，並未打著。後真人出，雀飛蛇走。真人由此而悟，蟠如太極，以柔克剛之理。由按太極變化而粗成太極拳。養精氣神，動靜消長，通於易理，故傳之久遠，而功效愈著。北京白雲觀⑨現存有真人聖像，可供瞻仰云。

【注釋】

①髯：音ㄖㄢˊ，兩頰上的長鬚，泛指鬍鬚。修髯：修長的鬍鬚。戟，音ㄐㄧˊ，古代的一種兵器，長杆頭上附有月牙狀的利刃。如戟：鬍鬚又長又硬，一根根像戟似的怒張著。舊時形容丈夫氣概。

②髻：音ㄐㄧˋ，將頭髮挽結於頭頂的髮式。

③箬笠：音ㄖㄨㄛˋㄌㄧˋ，用箬竹葉及篾編成的斗笠。

④拂塵：又稱塵拂、拂子，是一種於手柄前端附上獸毛（如馬尾）或絲狀麻布的器物，有掃除塵跡或驅趕蚊蠅之用。在道教文化中，拂塵是道士常用的器物，也是漢傳佛教法器，象徵掃去煩惱。拂塵亦是一些武術流派的實戰器械。

⑤洪武：中國明朝開國皇帝朱元璋的年號（一三六八～一三九八年）。

⑥至蜀太和山修煉……經書一覽成誦：蜀，古族名、國名、郡名，在今四川一帶，為四川省的別稱。蜀太和山，今四川省達州市宣漢縣有一太和山，並不出名，山上皆無庵廟資料可考。「太和山」當為古武當山之別名，張三豐曾二度修

煉於武當山，「至蜀太和山修煉」當為原書記載有誤。結庵，搭草屋。庵，圓形草屋。玉虛宮，武當山玉虛宮，是武當山建築群中最大的宮殿之一，始建於明永樂年間，建成後，永樂皇帝欽定為「玄天玉虛宮」。一覽成誦，形容記憶力超群，看一下就能背誦。

⑦洪武二十七年：即西元一三九四年。

⑧蟠結：盤曲糾結。

⑨北京白雲觀：唐開元二十六年（七三九年）初建天長觀，金明昌三年（一一九二年）重修，改名為太極宮，元初全真派道長長春真人丘處機奉元太祖成吉思汗之詔駐太極宮掌管全國道教，太極宮遂更名長春宮。金天會五年（一二二七年）丘處機逝世，其弟子在宮東建立道院，取名白雲觀。之後幾經毀建，清康熙四十五年（一七〇六年）在原來基礎上重新大規模重修與擴建，今白雲觀的整體佈局和主要殿閣規制即形成於此時。一九五七年定為中國道教協會會址。

楊儒禪[1]先師軼事

初[2]，師在京師[3]聲聞遐邇[4]，俠來訪者踵接[5]。一日靜坐間，忽有僧來，師自迎出階，見僧貌偉壯，身高六尺許，拱揖[6]道慕意，師亟遜答，僧鶻起[7]出拳直撲師，師略含胸，以右掌抵拳頂拍之，僧如受電擊，跌出屏後猶作拳擊狀，久之，乃斂容稱謝，曰：「僧鹵莽。」師仍邀與談，審其名為清德[8]僧，固少林健壯者也。僧縷縷[9]問：「頃出，不意猶不得逞，何也？[10]」師曰：「是謂刻刻留心[11]也。」曰：「頃出何其疾也？」曰：「是謂發勁如放箭[12]也。」曰：「僧雲遊幾省，未有如師者，堅叩太極輕靈之奧[13]。」師不答。見有飛燕入簾，低繞近身，即起手速抄之。顧謂僧曰：「此鳥馴就人，聊與為戲，何如？[14]」輒承[15]以右掌而左手撫之，旋縱使去，燕振翼擬起，師微將掌忽隱忽現，燕不能飛去。蓋無論何種雀鳥，必先足蹬勁才能飛，燕足無著力處，遞撲伏，則又撫之使去，復不得起，如是者三。僧大訝曰：「技何神也？」師笑曰：「奚足言神[16]，太極行功稍久，通體輕靈，一羽不能加，蠅蟲不落[17]，能略如是狀耳[18]。」僧拜服，留談三日乃去。

【注釋】

①楊儒禪：當作「楊祿禪」。楊祿禪（一七九九～一八七六年），名福魁，廣平府（今邯鄲市永年縣）人。一八四〇年前後從陳家溝陳長興學拳藝成後返鄉，在永年教拳，武禹襄昆仲三人從其學藝。後由武汝清薦往北京教拳。從此拉開了近代太極拳傳播序幕，在京城博得「楊無敵」之名，為日後太極拳的弘揚發展奠定了堅實的基礎。

②初：開始，初始。

③京師：國家首都，泛指國家或地區的最高權力機構所在地。此處指北京。

④遐邇：遠近、遙遠。亦作「遐爾」，語出《漢書·韋玄成傳》：「天子穆穆，是宗是師，四方遐爾，觀國之輝。」

⑤踵接：意同「接踵」。後面人的腳尖接著前面人的腳跟，形容人多擁擠。

⑥拱揖：音ㄍㄨㄥˇ ㄧ，亦作「拱挹」，拱手作揖以示敬意。

⑦鶻起：音ㄏㄨˊ ㄑㄧˇ。鶻，打獵用的鷹一類的猛禽。如鶻飛起，比喻氣勢旺盛。如清・陳貞慧《書事・防亂公揭本末》：「鋮遂有酬誣瑣言一揭，語雖鶻起，中實狼驚。」

⑧清德：該僧法名。

⑨縷縷：當為「屢屢」之誤，指屢次、常常、再三。

⑩頃出……何也：頃，短時間。不意，意想不到。猶，仍然。得逞，達到目的。三句意為：我在短時間內瞬間出手，想不到仍然不能達到目的，這是為什麼？

⑪刻刻留心：見王宗岳《十三勢行功歌》「刻刻留心在腰間」句。意為：「時刻不忘自己的腰脊部位，以腰為軸。」楊祿禪公此刻僅答「時刻不忘」，有意把後三字「在腰間」的要點含蓄地隱去。

⑫發勁如放箭：句出武禹襄《太極拳解》：「蓄勁如張弓，發勁如放箭。」其傳人李亦畬依據這一論述，發展為「五弓合一」之說，著有《身備五弓解》。楊澄甫

注：「蓄者，藏也，太極勁不在外，藏於內，與敵對手時，內勁如開弓，不射之圓滿，猶皮球有氣充之……我如弓，敵如箭，出勁之速，敵如箭出矣。」

⑬僧雲遊幾省……堅叩太極輕靈之奧：師者，古之學者必有師；師者，傳道、授業、解惑也。輕靈，「輕」有著力不多、不費力等意，如杜甫《江漲》詩：「輕搖逐浪鷗」；靈，有靈敏、靈活、敏捷等意。全句意為：我出家修行，漫遊了好幾個省，還沒見到您這樣的老師，我要堅決向您叩求討教這太極拳輕靈奧妙之所在。

⑭此鳥馴就人……何如：聊，副詞，相當於「略微」。戲，玩耍。何如，如何、怎樣。三句意為：這鳥已順從馴化於人，現在略微跟它玩一下，怎樣？

⑮輒承：輒，副詞，相當於「就」。承，托著。

⑯奚足言神：奚，文言疑問代詞，相當於「何」。足，值得，夠得上。四字意為哪裏夠得上說是神奇。

⑰一羽不能加，蠅蟲不落：當為「一羽不能加，蠅蟲不能落。」句出王宗岳《太極拳論》。意為：太極拳練到一定程度後，就能感知對方細微的勁力變化，就是一根羽毛落到身上亦可知，並隨即化去；連蠅蚊也無法在身上停留。說明聽勁與

化勁的靈敏。

⑱能略如是狀耳：「能」為衍字。略，大致。如是，如此、這樣。狀，樣子、情況。耳，助詞，相當於「罷了」。此句意為：大概就是這樣子吧。

序

余幼讀書時，性好武，余祖[1]有老友劉瀛州[2]，少林壯者，北方名素著[3]。余求學，劉師曰：「我年近七十，無能為也，如願學，有廣平楊姓得武當秘傳[4]。惜我年老，知之晚矣，僅知皮毛。」與介紹楊傳，拜師求學焉。研究十有五年，惜余最魯，略知大概，諸師兄師弟[5]皆出我上。余今從師歷方從學，遊歷保定、北平、天津、上海、南京、蘇杭、江西、山東，曾見廣東、雲南、陝西、山西、河南、安徽、湖北、湖南各省武術大家。各處山川古跡，觀之不已；各省內外武術大家，令人學之不盡。勸同志苦心研究無懈志也，今余始知武術深有奧妙，正在從學研究中。今國家提倡武術，幸吾師又作是書，任縣董英傑喜而為之序。

勸諸同志莫懈心，日月穿梭貴如金。朝夕時時要習練，功夫無息得玄真⑥。

【注釋】

①余祖：余，我。祖，父親的上一輩或與祖父同輩的人，如祖父、外祖母。此處指自己父親董老和。

②劉瀛州：一八五一年出生，河北省任縣大北東村人。幼時，隨本村孫光義學練洪拳，後來拜道光年間武狀元張殿華為師，學習三皇炮捶及長短軟硬兵器。著名拳師李寶玉、曹珂、崔毅士、姜廷選、王其和等等，均曾是他的門下弟子。劉瀛洲晚年十分推崇太極拳。他與永年廣平府的楊兆林（號老振）、郝為真（號老為）結為盟友，交往甚厚。他摒棄門戶之見，還讓自己的兒子劉東漢和入室弟子李寶玉、崔毅士、王其和、姜廷選等拜在楊兆林門下，精心學習太極拳。

③北方名素著：素，平素、往常。素著，一向都很著名。此句是說劉瀛州在北方歷來都很著名。

④有廣平楊姓得武當秘傳：此處「楊姓」指楊兆林。「武當秘傳」指太極拳。

按：楊兆林（約一八八四～一九二二年），字振遠，為楊祿禪長子楊鳳侯（生卒不詳）之子。楊兆林的功夫多由其父和叔父班侯、健侯傳授。楊祿禪將畢生所修的太極功夫傳給了長子楊鳳侯、次子楊班侯和三子楊健侯。然而，當前流傳最廣的架子首先是楊澄甫定下以養生見長的大架，其次是楊健侯傳下以內功見長的中架，再次是楊班侯傳下以技擊見長的小架，而楊鳳侯傳出的拳架幾乎銷聲匿跡。世人多以為楊鳳侯早亡，沒有傳人。

其實，楊祿禪到北京傳拳時，其子班侯、健侯均隨其去京。因楊鳳侯之子楊兆林一直在邯鄲、邢臺等地傳拳，因此，無人關注其行蹤和傳拳情況。清末民國初，楊兆林經南和縣冀貴林先生舉薦，到南和縣賈宋一帶教拳。後來又應任縣劉瀛洲先生的邀請，轉至任縣、堯山、隆平（後合併為隆堯）等地授拳。

據資料記載，楊兆林的功夫非常好，他除了秉承了父親的功夫外，還從學於其叔父班侯和建侯的拳架和功夫，所傳之拳完全保留了楊氏拳式多招明、勁出螺旋、快慢相間、弛張有度、沉提合開、方圓多變、縱跳震腳、短促發勁的實戰原貌，是不可多得而原汁原味的楊氏太極拳。

其中，祖籍河北省隆堯縣西毛爾寨村的寇長青（一九一〇～一九八三年），是繼承楊兆林拳藝的佼佼者之一。寇家太極拳師從曹珂，先師楊兆林、劉東漢所傳楊式太極拳，由此得以衣鉢相傳，綿延不絕。

⑤諸師兄師弟：指會寧村的李寶玉（一八八六～一九六二年）、任縣環水村的王其和（一八八五～一九三二年）、任縣大北東村的劉東漢（？～一九五〇年）、邢臺縣城西北良舍村的曹珂（一八九三～一九七二年）等。

⑥玄真：道家稱妙道、精氣等，如語本《老子》所說：「此兩者（常有、常無）同出而異名，同謂之玄。」《黃庭內景經・五行》：「道之為物……其精甚真」「能存玄真萬事畢」。

序

技術者，為我國國粹之至寶也，惜多年不振，幾於失傳。①幸今國家提倡武術為必要，余踴躍為之序。今楊師南來②，與同志互相研究，發展普及起見，余雀躍之至。因余為國民一份子，亦要加入提倡，惜才學最淺，總不免熱心耳。拳有外壯、內壯③，余偏愛於內家太極，奧妙筆亦難言。尊師常談：輕則靈，靈則動，動則變，變則化。④余苦功從學研究二十有年，不能得百分之一，雖然⑤，余常懷有志竟成，每日在研究中也，田兆麟謹序。

【注釋】

①技術者……幾於失傳：技，技擊。術，武術，技擊之術也。田兆麟在此序中提出「惜多年不振，幾於失傳」之現狀，十二年後，他在所著《太極拳刀劍杆散手合編・敘》中就導致該現狀產生的原因做了以下之分析：「溯其所以失傳之由，

良有數因。夫以近代人事繁劇，習者視為業餘消遣，惟求養生治病，不思進求真實技能，一也；吾國習慣，技術非子不傳，子若不肖，技遂中絕，二也；秘術多由口授，或有筆之於譜，亦珍藏不肯示人，三也；自武器革新，拳術視同弁髦，以之強身祛病固有餘，以之臨陣退敵則不足，世人遂不深究，四也；茫茫華夏，何地無才，然而丁茲末世，雖有奇人高士，循跡唯恐不遠，寧復傳非其人，為世詬病，五也。有是數因斯道遂晦，後人一知半解，以訛傳訛，學者終不得其門而入，大好國粹，幾如廣陵散之將成絕響，不其惜哉。」

②今楊師南來：指一九二九年，楊澄甫帶了眷屬和學生董英傑，從南京前往上海。

③拳有外壯、內壯：「外壯、內壯」說，為少林功法，出自《易筋經》。西諦本《易筋經・內壯論》曰：「內與外對，壯與衰對。壯與衰較，壯可歆也；內與外較，外可略也。蓋內壯言道，外壯言勇，道植聖基，勇僅俗務，隔天壤矣。」該功法習練有四種：硬功內壯，用抗壓或剛猛的方式鍛鍊內臟機能，比如鐵板橋、臥虎功、國術深蹲；硬功外壯，用抗壓或剛猛的方式鍛鍊肢體機能，比如石鎖功、石擔功、鐵砂掌、鐵頭功、鐵拳功、金剛指、鷹爪功；軟功內壯，用放鬆或鬆柔的方式

鍛鍊內臟機能，比如洗髓經、羅漢坐禪、天師煉丹、武術各派的樁功；軟功外壯，用放鬆或鬆柔的方式鍛鍊肢體機能，比如易筋經、一指禪、玄空拳、玄風掌、五百錢。

④尊師常談……變則化：尊師，指楊健侯公。健侯公有《十三勢行功心訣》（三言四句）曰：「輕則靈，靈則動，動則變，變則化。」田兆麟自幼在楊家學拳，因為楊家常談此訣，因此他把此訣奉為圭臬。一九四二年，他為王新午所著《太極拳闡宗》一書所寫的題詞，也是此訣。有後人把此訣擴展為三言七句：「鬆則沉，沉則輕，輕則靈，靈則動，動則變，變則化，化則發。」筆者以為，在訣首再加「靜則鬆」三字，則更為完整。

⑤然：這樣、如此。

按：《易筋經》的作者為何人，長期以來主要有兩種說法：一為南北朝時的天竺僧人達摩，一為明朝天啟年間天臺紫凝道人宗衡。二十世紀三〇年代，唐豪先生在《少林武當考》和《行健齋隨筆》中有文專門論及此問題。二十世紀五〇年代，對《易筋經》作者的討論又逐漸開始，二十世紀八〇年代以後更為熱烈。

在林林總總的論文材料中，不難發現這樣一種情況，即除了包括一些少林寺僧在內的部分人士堅持「達摩說」外，在研究者的學界中，幾乎都一致認為《易筋經》是紫凝道人所著，並對「達摩說」進行了質疑。從質疑的範圍和深度來看，均未超出近代徐哲東、唐豪諸人的論點。

凡例

●本書專就已經練習太極拳，而尚未明實用者，特按各式說明並附圖，以表出之。

●本書下列太極拳應用交手圖式，甲乙二人演練時，宜就各圖姿勢循序仿行。

●本書逐段標明按各式銜接動作，以至二人發手之際，均用白話表明，學者可詳細參閱，自有路徑可尋。

●甲乙二人合手演習時，可輕行緩進，實地研習，自有得法之處。不可躁進率爾逞強，以致發生危險，彼此反生惡感。

●本書均就單行法解釋之，遇有手術上同者從略。

●本書附圖應用動作各式方向，均以上下、前後、左右兩側表示之，不拘定於東西南北，以其臨時動作無有一定之方位故也。

●本書各姿勢應用法式僅就一二手術編列說明之，其臨時動作變化之妙，在好學者深思遠造久練功純，自能得其要領，非空言所能及也。

●本書編製，各式均用白話挨次淺顯說明，以便閱者一目瞭解。

●本書編成，其中字句難免有遺漏錯誤之處，望閱者諒也。

●此書是楊老師所述拳理，同志閱書千萬不要以文字挑之，只應注重拳理。如以文法挑之，恐有誤自己學拳之門徑，願同志諒之。

太極拳本係武當內功拳，欲鍛鍊身體者可習太極拳。此係柔功，無論男女老幼皆相宜。小兒六歲以上，老者六十歲以外，皆能習學，身體虛弱者更可習學，數月之間漸覺強壯耳。十三勢[①]初學期三個月學會，一年習熟，五年練好，日後愈練愈精。但非真傳不可，太極拳不得真傳不過身體略壯耳，拳理十年終糊塗，焉[②]能知精微奧妙知覺運用？若得真傳如法練去，金剛羅漢體不難矣，不但體壯，自衛防身之能力寓焉[3]。早晨練拳最相宜，飯後休息半時或一時方可運動。如體質弱者量力練之，不可過，練習一月之後飲食可加多。拳，每早晚兩次或三次均可。如夏天練拳正燥，千萬不可用涼水洗手，恐其悶火。如冬天練完，速穿衣服，恐其受涼。練完不可即就坐，可行走五分鐘，使血脈調和。

如用功時須澄心息慮，心無所思，意無所感，專心練拳。太極對敵法甚妙，非不能用。蓋今同志只練皮毛不再學，不能求高師訪朋友，勿說太極不能用，亦勿怪授者不授耳，此本係內功與道相合。初學每日可學一兩式，不可粗率。初學略難，一月後拳式入門易學耳。每同志初學一兩月覺拳甚好，再學三四個月後自覺不如從前，心中煩燥，如有此景象千萬不可懈志，正是進步耳。如今拳未進步，不能自知拳式壞的，人人必由此地位經過，先此警告耳。

【注釋】

①十三勢：太極十三勢，又名長拳十三勢。為太極拳中基本的八個方位打法和五種步法的總和之稱。在後「祿禪師原文」中有定義為：「十三勢者：掤攦擠按採挒肘靠，此八卦也；進步、退步、左顧、右盼、中定，此五行也。掤攦擠按，即乾坤坎離，四正方也。採挒肘靠，即巽震兌艮，四斜角也。進退顧盼定，即金木水火土也。」在王宗岳《太極拳釋名》（李亦畬本）中八卦對應則有所不同：「掤、攦、擠、按，即坎、離、震、兌……掤、攦、肘、靠，即乾、坤、艮、巽。」另有八綱（陰、陽、剛、柔、虛、實、開、合）五紀（手、眼、身、法、步）之相合為「十三勢」之說。

②焉：怎麼。

③寓焉：寓，依附。焉，此處為指示代詞，相當於「之」。

按：八卦的讀音和意思為：乾，音ㄑㄧㄢˊ，代表天，為天卦象；坎，音ㄎㄢˇ，代表水，為水卦象；艮，音ㄍㄣˋ，代表山，為山卦象；震，音ㄓㄣˋ，代表雷，為雷卦象；巽，音ㄒㄩㄣˋ，代表風，為風卦象；離，音ㄌㄧˊ，代表火，為火卦象；坤，音ㄎㄨㄣ，代表地，為地卦象；兌，音ㄉㄨㄟˋ，代表沼澤，為澤卦象。

祿禪師原文①

一舉動②，周身俱要輕靈，尤須貫串。氣宜鼓蕩，神宜內斂③。毋④使有缺陷處，毋使有凸凹處，毋使有斷續⑤處。其根在腳，發於腿，主宰於腰，形於手指。由腳而腿而腰，總須完整一氣。向前退後，乃能得機得勢；有不得機得勢處，身便散亂，其病必於腰腿求⑥之，上下、前後、左右、皆然。凡此皆是意，不在外面⑦。有上即有下，有前則有後，有左則有右，如意要向上，即寓下意，若將物掀起，而加以挫之力，斯其根自斷，乃壞之速而無疑。虛實宜分清楚，一處有一處虛實，處處總此一虛實。周身節節貫串，毋令絲毫間斷耳。

長拳者，如長江大海，滔滔不絕也。十三勢者，掤、攦、擠、按、採、挒、肘、靠，此八卦也；進步、退步、左顧、右盼、中定，此五行也。掤、攦、擠、按，即乾、坤、坎、離，四正方也；採、挒、肘、靠，即巽、震、兌、艮，四斜角也；進、退、顧、盼、定，即金、木、水、火、土也。

原注云，此係武當山張三峰老師遺論，欲天下豪傑延年益壽，不徒作技藝之末也。

【注釋】

①祿禪師原文：一九二五年，經楊澄甫審定並首肯的陳微明的學拳筆記《太極拳術》由中華書局承印後公開出版。書中插圖為楊澄甫的早期拳照，以陳微明拳照補齊不足處。推手及大攦的插圖為楊澄甫、陳微明、許禹生和陳志進。由於該書是首次公開楊澄甫拳術套路，又有楊澄甫拳照和楊氏家傳拳譜，故影響甚廣。此篇命名為「祿禪師原文」的拳譜原無標題，一九二九年出版的吳圖南《國術太極拳》中以「太極拳用功秘訣」為題。陳微明命名為「太極拳論」（以下簡稱「微本」），列為拳譜篇之首。後人鑒於王宗岳已有《太極拳論》存世，為避重複，按拳譜之末有「以上係武當山張三豐祖師所著」之語，亦稱「張三豐太極拳論」。

②舉動：行動。

③神宜內斂：神，上文是指精神活動，即心的活動，相當於一般所謂的「意」；斂，有收藏、約束等義，古人將思想活動稱為「神外遊」。「神內斂」是指將思維活動，即「意」約束收藏起來，也就是「摒思息慮」，現代醫學稱為「大腦入靜」。

④毋：音ㄨˇ，不要，不可以。「微本」作「無」，亦有作「勿」，字義皆同。後同，不另注。

⑤斷續：時而中斷，時而接續。

⑥求：求知，求索，求證。尋求證據，求得證實。

⑦不在外面：有抄譜在此句後有「而在內也」之續句。

一舉動，周身俱要輕靈，尤須貫串。

● 練拳時不用莽力①，方能輕靈，十三式須一氣串成。

【注釋】

①莽力：粗魯、冒失之力，實為肌肉之力，也稱「拙力」。

氣宜鼓蕩，神宜內斂。

●氣不滯，則如海風吹浪，靜心凝神，斯為內斂。

毋使有缺陷處，毋使有凸凹處，毋使有斷續處。

●練拳宜求圓滿，不可參差不齊，宜緩慢而不使間斷。

其根在腳，發於腿，主宰於腰，形於手指。由腳而腿而腰，總須完整一氣，乃能得機得勢。

●練法須上下相隨，勁自跟起，行於腿，達於腰，由脊而膊，而行於手指。周身一氣，用時進前退後，其勁乃不可限量矣。

有不得機得勢處，身便散亂，其病必於腰腿求之。上下、前後、左右皆然。凡此皆是意，不在外面。

●病不在外而全在意，意不專則神不聚，即不能得機得勢矣。

有上即有下，有前即有後，有左即有右。如意要向上，即寓下意；若將物掀起，而加以挫之力，斯其根自斷，乃壞之速而無疑。

●此言與人對敵搭手時，先將彼搖動，猶樹無根，立腳不定，則自然倒下矣。

虛實宜分清楚，一處有一處虛實，處處總此一虛實。

●與人對敵，每式前虛後實，如放勁，則前足坐實後足蹬直。總使虛實清楚，則變化自能如意矣。

周身節節貫串，毋令絲毫間斷耳。

●周身骨節順合，氣須流通，意無間斷。

太極拳練演法①

太極拳十三式

太極起式、攬雀尾、單鞭、提手上式、白鶴亮翅、摟膝拗步、手揮琵琶式、左右摟膝拗步三個、手揮琵琶式、進步搬攬錘②、如封似閉、十字手、抱虎歸山、肘底看錘、左右倒攆猴、斜飛式、提手上式、白鶴亮翅、左摟膝拗步、海底針、山通臂、撇身錘、上步搬攬錘、攬雀尾、單鞭、左右抎手、單鞭、高探馬、左右分腳、轉身蹬腳、左右摟膝拗步、進步栽錘、翻身二起、左右披身伏虎式、回身蹬腳、雙風貫耳、左蹬腳、轉身右蹬腳、上步搬攬錘、如封似閉、十字手、抱虎歸山、斜單鞭、左右野馬分鬃、上步攬雀尾、單鞭、玉女穿梭、上步攬雀尾、單鞭、抎手、單鞭下式、金雞獨立、左右倒攆猴、斜飛式、提手上式、白鶴亮翅、摟膝拗步、海底針、山通臂、白蛇吐信、上步搬攬錘、進步攬雀尾、單鞭、抎手、單鞭、高探馬代穿掌、轉身十字腿、進步指襠錘、上勢攬雀尾、單鞭下勢、上步七星錘、退步跨虎式、轉身雙擺蓮、彎弓射虎、上步搬攬錘、如封似閉、十字手、合太極。

以上太極拳名稱三十七全套七十八個姿式完。

【注釋】

①原書頁眉為「練演法」，編者補充為「太極拳練演法」。

②錘：為「捶」之誤。錘為古代兵器名。捶：用拳頭擊打。本書拳式中之「肘底看錘」「撇身錘」「搬攬錘」「栽錘」「指襠錘」「七星錘」均為「捶」之誤。後同，不另注。

身　法

提起精神　虛靈頂勁①　含胸拔背　鬆肩墜肘　氣沉丹田

手與肩平　胯②與膝平　尻道③上提　尾閭④中正　內外相合

練　法

不強用力　以心行氣　步如貓行　上下相隨　呼吸自然
一線串成　變換在腰　氣行四肢　分清虛實　圓轉如意

【注釋】

①虛靈頂勁：有作「虛領頂勁」，其意同太極拳古歌訣中的「順項貫頂」相同。

按：「虛領頂勁」，最常被說起的太極拳常用語之一。

何謂「頂勁」？現代太極拳界說法不一，有「頭頸筆挺直豎」說，有「頭頸用微力向上頂」說，有「頭頸上端後撐」說，有「下頜內扣，頸後與襯衣領接觸」說等，按照這些標新立異的錯誤說法去做，不僅會造成頭部或頸部過度緊張，妨礙了肩部以上應有的舒適放鬆，而且也不符合人體頸部自然前傾的生理曲度。

太極拳要求頭頸必須能夠做出靈活的上仰下俯與左右轉動，而不是像儀仗隊執行禮儀任務或芭蕾舞表演時作頸部發僵之狀態。

我們不妨逐字來解釋詞義。虛，指虛空、放鬆，如《管子・心術上》：「虛者萬物之始也。」

領，指脖子、頸部，如《左傳・昭公七年》：「引領北望。」

靈，指人的精神意志，如劉勰《文心雕龍・情采》：「綜述性靈，敷寫器象。」（敷：陳述。器象：指萬物）。

頂，作名詞，本義指最高的部分，山頂、頭頂，如《淮南子》：「今不稱九天之頂，則言黃泉之底，是兩末之端議，何可以公論乎？」

勁，指正直、剛正，如《荀子・儒效》：「行法志堅，不以私欲亂所聞；如是，則可謂勁士矣。」

上面所述的錯誤說法，往往是用機械性的常規思維去理解字義所致，如果把「頂」和「勁」作動詞，分別看成是「支撐、抵住」和「力氣、力量」，那麼在理解上就必然導致偏差，也有悖於前輩的原意。「微微地頂，虛虛地領」，其意就是說這「頂勁」是放鬆的，是精神意志上的，不是指外形，而是指意識。

這裏，想起王國維在《人間詞話》中有一段詞評是這樣說的：「詞之雅鄭，在神不在貌。永叔、少游雖作豔語，終有品格。方之美成，便有淑女與倡伎之別。」意思是：詞的正聲和淫雅之聲，在於神韻不在外表。歐陽修和秦觀雖然寫豔詩，但終究是具有內在的品位和風格之完美。到了周邦彥時，只有表面上的美豔，這就是淑女與娼妓的區別了。這裏儘管說的是詞，但其「不在外而在內」之理亦相通貫。

楊澄甫在原書第一一〇頁「王宗岳遺論解明」中，對「虛領頂勁」做了明確的解說：「頂勁非用力上頂，要空虛，要頭容正直，精神上提，不可氣貫於頂。」這是「頂勁」最本質的內涵。由此可見，「虛領頂勁」就是「精神上提」的「頭容正直」，就是「神貫頂」而非「力貫頂」。在太極拳中，只有頭頸處在正直而完全不用力的情況下，才是自然舒鬆的最佳狀態。

②胯：骨盆的兩側外緣是髂棘，髂棘的連線部位稱胯，也就是腰和大腿之間的部分，如「胯襠」「胯骨」；而脅下和胯上的部分為「腰」，如「腰圍」「彎腰」。在諸多太極拳著作中，可常見到「胯」「腰」不分，兩者誤用之處，如「腰是上下體轉動的關鍵」「腰右轉」「腰左轉」等。「轉腰」實為「轉胯」，腰轉胯不轉則必為「扭腰」之狀，既不「中正」，也不安舒。「外三合」中所說是「肩與胯

合」，而非「肩與腰合」。腰在胯上為被動，胯在腰下為主動。胯擔負著上體的重量，是轉身的發動機，凡腰轉動，皆隨胯中骨盆轉動而轉動，汪波在《全佑老架太極拳》中說：「轉腰在實質上就是轉胯」，就是此理。因此，欲轉身，必先轉胯，繼而帶動腿、腰和上身的整個軀體隨之轉動，這樣才能在運動中保持「肩與胯合」的身法要求。

③尻道：尻，音ㄎㄠ，脊骨的末端，古時指臀部。道，即便道。

④尾閭：尾，尾巴，俗稱尾巴根椿，由此引申為稱事物的末端。閭，古指居民組織單位，如《周禮・地官・大司徒》曰：「五家為比……五比為閭。」又意指里巷的門，如《荀子・大略》：「慶者在堂，吊者在閭。」後又引申泛指門戶。今指骨名：尻骨、尾骶骨、尾脊骨，是尾骨和骶骨的合稱，如《醫宗金鑒・正骨心法要旨》所曰：「尾骶骨，即尻骨也。其形上寬下窄，上承腰脊諸骨，兩旁各有四孔，名曰八髎，其末節名曰尾閭，一名骶端，一名橛骨，一名窮骨，俗名尾椿。」此處指臀部。

太極拳起勢預備①

【說明】此為太極拳出勢，預備動作之形勢②。站定時，頭宜正直，內含頂勁③，眼向前平視。胸微內含，脊背拔起④，不可前俯後仰。兩肩下沉，兩肘微坐⑤，兩手下垂⑥，指尖向前，掌心向下。腰胯稍鬆⑦，兩足距離與兩肩相齊⑧。在此時，精神內固，氣沉丹田⑨，一任自然，不可造作。守我之靜，以待敵人之動。然人每於此姿勢容易忽略，殊不知無論練法、用法俱不得脫此，望閱者、學者首當於此，注意焉。（圖1）

圖1　太極拳起勢預備

【注釋】

①起勢預備：早期太極拳老譜不錄「預備」和「起勢」。「預備」，後有立名為「無極勢」或「太極勢」。其內容主要有三：調身、調神、調息。

調身，是主動運用意識調整身體各部位姿態的過程，使各種機能得到平衡，以促進人體內的氣血沿著順暢的軌道運行，有利於精神的安靜和真氣的生長，能使全身各部分變得靈活，並可收到開關通竅之效。

調神，《內經》有言：「心為君主之官，主不明則十二官危。」「神為主宰」，意念導引是進入習拳狀態的關鍵，進入調神狀態會啟動自我修復、自我調控、自然完善的功能，使身心進入高度的有序化，真正達到「意引氣、氣引形」的太極拳習拳意境，對全身各系統也能起到良好的調節作用。

調息，為主觀駕馭呼吸，使自主神經系統的機能起到有效的調節作用，增加肺活量，使血液中的含氧量增加，促進腸胃蠕動，同時提高全身各器官系統的機能。

起勢，在此節中無相關內容。起勢是拳術套路的開始動作，通常以第一拳為起勢，俗稱「開門勢」或「初勢」，後有立名為「太極起勢」或「太極出手」，由此可以判別為哪一門派的套路。

在楊式太極拳中，以下垂的兩臂緩緩向前平舉，掤至與肩同高同寬後，以肩帶肘，以肘帶手徐徐下落，兩掌按至胯側前為起勢。

②形勢：形態、形體，如《文子·自然》所說：「夫物有勝，唯道無勝，所以無勝者，以其無常形勢也。」在《太極拳體用全書》中稱為「姿勢」。

③頭宜正直，內含頂勁：指頭部的要領和狀態，即「虛領頂勁」。為楊澄甫口述、陳微明筆錄的《太極拳十要》（首見於陳微明《太極拳術》）之首：「頂勁者，頭容正直，神貫於頂也。不可用力，用力則項強，氣血不能流通，須有虛靈自然之意。非有虛領頂勁，則精神不能提起也。」可見其在太極拳習練中具有提綱挈領的作用。張三豐《太極拳經》開篇便說的「順項貫頂」，指的就是「虛靈頂勁」。

④胸微內含，脊背拔起：在《太極拳體用全書》中，此兩句作「含胸拔背」，《太極拳十要》之二解曰：「含胸者，胸略內涵，使氣沉於丹田也。胸忌挺出，挺出則氣壅胸際，上重下輕，腳跟易於浮起。拔背者，氣貼於背也。能含胸，則自能拔背；能拔背，則能力由脊發，所向無敵也。」

⑤兩肩下沉，兩肘微坐：在《太極拳體用全書》中，此兩句作「沉肩墜肘」，《太極拳十要》之五解曰：「沉肩者，肩鬆開下垂也。若不能鬆垂，兩肩端起，則氣亦隨之而上，全身皆不得力。墜肘者，肘往下鬆墜之意。肘若懸起，則肩不能沉，放人不遠，近於外家之斷勁矣。」

⑥垂：音ㄔㄨㄟˊ，古同「垂」，是「垂掛」之意，如《莊子‧逍遙遊》所曰：「鵬之背不知其幾千里也，怒而飛，其翼若垂天之雲。」後同，不另注。

⑦腰胯稍鬆：《太極拳十要》之三為「鬆腰」。「腰為一身之主宰」，楊澄甫道出了「腰」在太極拳術中的統領地位。

一般來說，腰是指繫皮帶的部位，醫家多指兩腎（腎俞）之間的命門部位。太極拳家們所說的腰，應包括人體軀幹肋下胯上的部位。腰只有靈活，才能發揮出主宰全身的功能。要靈活只有「能鬆腰，然後兩足有力，下盤穩固」。就是說，要使兩足有力、下盤穩固，就要先能「鬆腰」，然後才能使腰更好地「主宰」全身上下、左右、前後。

⑧兩足距離與兩肩相齊：即「與肩同寬」之意。

按：「與肩同寬」，常見於武學書刊，常聞於拳師口授。

問題之一是：從頸部到外側約十五公分的區域都稱「肩」，此說的「肩」為這區域上的哪一個點？

問題之二是：腳掌寬度一般在七公分至九公分，「與肩同寬」是指腳內側，抑或腳外側？如此問題不明確，那就不免怎麼站都是「與肩同寬」了。

筆者以為，奚桂忠在《楊式太極拳學練釋疑》一書中，對「與肩同寬」給出了較為科學的準則：「兩腳湧泉穴的距離宜與兩肩井穴同寬」，這樣，「則肩井穴、髖關節和湧泉穴在同一直線上，且（垂直）平行於人體中心線，身體重量自然沿著骨架往下，沿大腿、小腿平均地分佈到兩全腳掌，人體器官處於平衡狀態，利於全身鬆靜、穩定和舒適……兩臂前舉上掤時，勁力不會減弱，也不會分散。」

⑨氣沉丹田：氣，在古時作為代詞幾乎貫通萬物，浩瀚可達宇宙，細微可至塵埃，能見與不能見，精神抑或物質，都可以用「氣」來解釋。在太極拳運動中所謂運行於體內的「氣」，是指激發動作時的傳遞性力量，與氣功修煉和中醫學中所說的生理性而沒有力效應的「氣」不同。丹田，是臍至關元穴（臍下三寸正中）的一塊區域。氣沉丹田，是採用膈肌上下運動為主的腹式呼吸，並使之與拳式之蓄、發、開、合相結合。吸氣時，膈肌向下運動，肺體儘量向下膨脹，兩肋微微外開而

肋骨不上提，下邊再提肛縮腎，將腹內臟器托住。呼氣時，膈肌上升，兩脅則向內向下合，腹內臟器自然下垂，胸中真氣沿任脈下行入丹田，形成心腎相交，以補命門之火的形勢。達到「先天之氣宜穩，後天之氣宜順」的要求。

郝少如先生曾說：「以意引氣達於腹部，不使上浮，謂之氣沉丹田。」孫祿堂先生在傳授「鷹熊鬥智」的架子時，要求把「小腹放到大腿上」，這就是氣沉丹田的具體體現。

這裏應該說明的是，氣沉丹田不同於練硬功時的氣貫丹田和入力丹田，「貫」和「入」是努力向下壓氣使其進入丹田，「沉」則是順其自然隨著地心吸力徐徐下降，鬆靜自然，無一絲勉強之意。這就是《神運經》上所說「縱橫者，脅中開合之式；飛騰者，丹田呼吸之間」的意思。

第一節　攬雀尾掤法①

【說明】

由太極拳出勢起。設敵人對面用左手擊我胸部，我將右足就原位稍往外轉動坐實。隨起左足往前踏出一步，屈膝坐實，後腿伸直，兩腳左實右虛。同時將左手提起至胸前，手心向內，肘尖略垂，即以我之腕貼在彼之肘腕中間，用混②勁往前往上掤去，不可露呆板平直之像。則彼之力既為我移動，彼之部位亦自不穩矣。（圖2）

圖2　攬雀尾掤法

【注釋】

①掤法：掤，本義指箭筒蓋子。在太極拳手法中被列為八法之首，讀ㄆㄥˊ，在各版本現代漢語字典中均無此字條。

②混：「混」為「橫」之誤。

按：董英傑在《太極拳釋義》中說：該左掤勢為「等勁」而「不必作掤字解……此時右手右足在右，左手左足在左，此為太極動之則分。」曾擔任《太極拳使用法》一書整理編輯的董英傑，在十四年後（一九四八年）出版了《太極拳釋義》，書中對內容和文字進行了比較合理的調整。

第二節 攬雀尾攌①法

圖3 攬雀尾攌法

【說明】

由前勢。設敵人用右手擊我右側肋部，我即將右足向右前邁出，屈膝踏實，左腳變虛，身亦同時向右扨轉，眼隨往前看。左右手同時圓轉，往前出動，右手在前手心側向裏，左手在後，手心側向下②，轉至右手心向下，左手心向上時，速將我右腕裏面貼彼肘上臂部外側，左腕外面[3]貼彼肘下臂部外側，全身坐在左腿，左腳變實，右腳變虛，往我胸前左側擺之，則彼之身法[4]即隨之傾斜矣。（圖3）

【注釋】

①擺：順抹、整理。在太極拳手法中列為八法之二。

②由前勢……手心側向下：實為右掤法。「掤手兩臂要圓撐」，右掤法為雙手掤，勁點在右臂橈骨側的腕部，左手輔以襯勁。在楊澄甫的弟子董英傑、鄭曼青、田兆麟、曾昭然、楊振鐸等人的著作中，均把右掤法作為一式列出，如《太極拳釋義》中解曰：「（右）平掤如第一道防線，敵不能推進也。」

③左腕外面：指左腕背。

④法：為「亦」之誤。「則彼之身亦即隨之傾斜矣。」

第三節　攬雀尾擠法

【說明】

由前勢。設敵人往回抽其臂，我即屈右膝，右腳變實，左腿伸直，左腳虛，腰身長起①，隨之前進。眼神亦隨往前略往上看去。同時速將右手心翻向上向裏，左手心翻向下，合於我之右腕②上，乘其抽臂之際，往出擠之③，則敵必應手而跌矣。（圖4）

圖4　攬雀尾擠法

【注釋】

①我即屈右膝……腰身長起：為右弓步之勢。「長」疑為「拔」之誤用。

②右腕：指右腕脈門處。

③乘其抽臂之際，往出擠之：「往出擠之」其意不明。往，作為介詞，意為「向」，為「隨」之誤。「出」「之」兩

字錯位，此四字應該為「隨之擠出」。此句意為趁著對方抽回手臂的時候，隨他之力，雙手一起發勁而擠出之。

圖5　攬雀尾按法

第四節　攬雀尾按法

【說明】

由前勢。設敵人乘勢來擠，我即將兩腕略往上用提勁，手指向前，手心向下，沉肩墜肘，坐腕，含胸，全身坐於左腿，速用兩手閉[1]其肘及腕部，向前按去。屈右膝，右腳實，伸左腿，左腳虛[2]，腰亦同時往前進攻[3]。眼神隨往前，略往上看去[4]，則敵人即往後跌出矣。（圖5）

【注釋】

①閉：封，封閉。

②屈右膝……左腳虛：為右弓步之勢。

③腰亦同時往前進攻：腰，指腰勁。意為用腰帶動全身，內外合一，上下相隨，向前按進。

④眼神隨往前，略往上看去：「略往上看去」為目視對方之眼，咄咄逼人之勢也。

按：在《太極拳體用全書・攬雀尾掤法》的起首有如下說明文字：「攬雀尾為太極拳體用兼全之總手，即推手所謂黏連貼隨，往復不離不斷。遂以雀尾比喻手臂，故總名之曰：攬雀尾。其法有四，曰：掤攌擠按。」

攬雀尾：陳、吳、孫式作「懶紮衣」。明代戚繼光《拳經》中所編「三十二勢」亦以「懶紮衣」為第一勢。

有拳家認為，「攬雀尾」是「懶紮衣」的音轉，是在口授時以訛傳訛所致。筆者認為，這種推測不盡合理。「紮衣」和「雀尾」並非同音字，且字形字義也相差甚遠，無論何種方言或何人抄寫，都無可能使其音轉或抄錯。當拳術由口授進入到文字記載階段時，各門拳派根據自身理解，對有關式名做出修訂，使拳式和式名更為貼切，因而會產生「術同名異」的情況。稱「懶紮衣」者，認為是古代拳家與人交手時「把長衫的下擺紮入衣帶」之意。而稱「攬雀尾」者，則認為是「遂以雀尾比喻手臂」，或「兩手攬撫雀尾」之意。

「攬雀尾為太極拳體用兼全之總手」，其中包括了太極拳技擊法中最基本的掤、攌、擠、按四法，因此，無論在盤架或推手中，拳家都把它當作基礎功夫來訓練，這也就是在套路中反覆出現的原因所在。歷來的太極拳家對「攬雀尾」或「懶紮衣」一勢都十分注重，因此留下不少專論。

第五節 單鞭用法

【說明】

由前勢。設敵人從我身後來擊，我將右手五指合攏下乘，作吊手式，以稱①左手之勢。右足就原地向左轉動②，左足提起往前偏左落下，屈膝坐實。右腿伸直，右腳虛。身由右往左進轉，同時左手向裏由面前經過往左伸，伸

圖6　單鞭用法

至手心朝外時，向彼之胸部臂去③，則敵人必仰身而倒。然鬆肩、墜肘、坐腕，眼神隨往前看，俱要同時合作自得之④。（圖6）

【注釋】

①稱：疑為「撐」之誤。

②右足就原地向左轉動：身體重心不向左腳移動，右腳以腳跟為軸，腳尖向左實腳扣轉。在《太極拳體用全書》中改為虛腳扣轉：「我即將重心移在左腳，右腳尖翹起，向左側轉動坐實。」

③伸至手心朝外時，向彼之胸部臂去：臂，有拳家認為是「劈」之誤。從字義看，從縱面向下破開為「劈」。「左手向裏由面前經過往左伸」為橫向運動，且「手心朝外時」根本無法「向彼之胸部」做出「劈」的動作。單鞭定勢時，左掌應該為「按」「撐」「推」之法。例如，曾昭然《太極拳全書・單鞭》中「……掌心

對面部，徐向東移動，至左方時，向東按出」，此為「按擊」之法；陳龍驤《李雅軒楊氏太極拳法精解·單鞭掌》中「……我將來力掛開後，隨弓步以左掌擊其胸部」，此為「撐擊」之法；楊振鐸《楊氏太極拳、劍、刀·單鞭》中「……坐掌伸臂向正前方推出」，此為「推擊」之法。

④俱要同時合作自得之：自，疑為「方」之誤。此句意為俱要同時合作方才知道。

按：《太極拳釋義》中說：「單鞭為開勁，將肺部、胃部微微開放，雙手至腿全身筋肉拉開。」該節在《太極拳體用全書·單鞭用法》中，對重心移動、手掌位置等過渡動作解釋較詳。

第六節　提手上式用法

【說明】

由前勢。設敵人自右側來擊，我即將身由左向右側回轉，左足隨向右移轉①，右足提向前，進步移至左足前，腳跟著地，腳掌虛懸，全身坐在後左腿上。胸含背拔，腰鬆，眼前視。同時將兩手互相往裏提合，兩手心側對，右手在前，左手在後，兩手距離約七八寸許，提至兩腕與敵之肘腕相合時，須含蓄其勢②，以待敵人之變動。或即時將右手心反向上，用左手掌合於我右腕上，擠出亦可。其身法、步法各動作與前擠法略同③。（圖7）

圖7　提手上式用法

【注釋】

①左足隨向右移轉：為「左腳腳尖內扣」之意。

②含蓄其勢：此處「含蓄」不作「耐人尋味」之本義解。含，蘊含，包容於內。蓄，積聚。勢，威力。

③或即時……與前擠法略同：是變「提手上式」為「擠」法之用。崔仲三《楊式太極拳體用圖解》一書中，把「提手上勢」分為「提手」與「上勢」兩個招式。其「提手」實為「提手上式」之勢，「……雙掌屈臂向上畫弧經耳側向前合手推出」「催動右手向斜上提拔」。其「上勢」則為「擠」法，「……成右弓步，雙掌向前下方擠出」「以『擠靠』勁為主打」。

按：套路習練養生為「體」，招式出手實戰為「用」。在實戰中，招式運用並非一成不變，所謂「靈則動，動則變」。「掌」「拳」之變、「蹬」「踩」「踢」之變、「上勢」「下勢」之變等的瞬息轉換，往往是贏取對手的重要因素。

「提手上式」是應付對手從右面來襲而用「提勁」拔起對方，使其失去根基的招式，如果對手見狀回撤，那麼，順應變化而使用「擠勁」進擊則更為有效。如果對方來襲，擊我肋部，我用「提手下式」以雙肘壓住對方雙臂，並撤步後引，使其失卻重心也不失為有效招法。

《太極拳釋義》中說：「如若雙手自單鞭式往下合勁，不作提手寓提上意，為提手寓上式。」田兆麟歸納「提手上勢」用法有六，其中包含掤、搓、採、擫、閃、擠、踢、搬等招法。此所謂「一手變五手」也。在對練或實戰中根據實際情況，能靈活多變地使用合理招式的拳者，往往能反映出其所具備的技擊素質——反應能力、動作速度和功力深厚。

第七節　白鶴亮翅①用法

【說明】

由前勢。設敵人從我身前②用雙手來擊，我速將右腳提起，向左前方踏出，腳跟著地，稍往裏轉膝③，微屈坐實。身隨右腳同時向正面④轉，左腳移至右腳前，腳尖點地。兩手隨右腳同時動作，左手由右而左而上落至胸前，手心向下，右手隨落隨轉至腹前，手心朝上⑤，左手手⑥急往下往左側展開彼之右腕，右手同時往上往右

圖8　白鶴亮翅用法

側展開彼之左腕，則彼之力即而分散不整矣。（圖8）

【注釋】

①白鶴亮翅：舊稱「白鵝亮翅」。陳鑫《陳氏太極拳圖說》（開明印刷局一九三三年版）中，有關於對「白鵝亮翅」釋名的七言俚語兩首：「閑來無事看白鵝，右翅舒展又一波。兩手引來委峰勢，奚殊秋水出太阿。」「元氣何從識太和，右碾兩手弄秋螺。北方引進神機足，亮翅由來有白鵝。」並加注讚頌云：「人之涵養，元氣如鵝，伏而不動，以養精神。」

現稱的「白鶴亮翅」最早見於許禹生的《太極拳拳勢圖解》（京城印書局一九二一年版）的「白鶴亮翅式」：「此式分展兩臂，斜開作鳥翼形。兩手兩足，皆一上一下，一伸一屈，如鶴之展翅故名。華佗五禽戲之鳥形，婆羅門導引術第四式之鶴舉、第十二式之鳳凰展翅，閩之鶴拳均取此意也。」

吳文翰在《武派太極拳體用全書》（北京體育大學出版社二〇〇一年版）中，對「白鶴亮翅」的式名做了比較妥帖解釋：「本勢舊名『白鵝亮翅』。後人認為鵝呆頭呆腦，步履蹣跚，不如白鶴翱翔長空，飄逸瀟灑。又鶴是長壽之禽，從而易名『白鶴亮翅』」。

另有稱為「白鶴晾翅」（見《太極拳體用全書・第八節》），「晾」的意思僅為把東西放在通風或陰涼的地方使乾燥，「亮」則為顯露、高潔之意，與拳式更為貼切，因此已被廣泛使用。

②身前：應為「左側」。《太極拳體用全書・白鶴晾翅》相關拳式中已修正：「設敵人從我身左側用雙手來擊。」

③稍往裏轉膝：詞不達意。該動應該為，隨著身體左轉，跨出右腳，腳跟著地，後腳尖內扣，重心坐於右腿。

④正面：指正左面。

⑤左手由右而左而上落至胸前……手心朝上：即完成左抱球勢。

⑥手：此字衍。

按：《太極拳釋義》中說：此式為「斜開身形，練尾閭中正，虛靈頂勁。」

第八節　摟膝拗步①用法

【說明】

由前勢。設敵人從我左側下方用手或足來擊，我將身往下一沉，實力暫寄於右腿。左足提起向前踏出一步，屈膝坐實，右足變虛②。左手同時上提，由內向下，將敵人之手或足摟至左膝外。右手亦同時隨③下落，隨往身後右側，圓轉而上至耳旁，掌心朝前，沉肩墜肘，坐腕，腰前進，眼神亦隨之前看，向敵人之胸部伸出按去，則敵人自跌。（圖9）

圖9　摟膝拗步用法

【注釋】

①拗步：拗，同「拗」，不順暢之意。在太極拳架勢中，凡左足在前而出

右手狀，或右足在前而出左手狀，皆稱為「拗步」。後同，不另注。

②左足提起向前踏出一步……右足變虛：形成「左弓步」之勢。

③隨：此字衍。

第九節　手揮琵琶式用法

圖10　手揮琵琶式用法

【說明】

由前勢。設敵人用右手來擊或按我胸部。含胸屈膝坐實①，左腳隨往後稍提，腳跟著地，腳掌虛懸，右手同時往後合收，緣②彼腕下繞過，即以我之腕黏貼彼之腕，隨用手③攏合其腕內部，往右側下採捺之。左手亦同時由左往前往上合收，以我掌腕中

④黏貼彼之肘部，往右分錯之，或兩手心前後側相映，如抱琵琶狀，蓄我之勢以觀其變。（圖10）

【注釋】

①含胸屈膝坐實：句前漏述「重心移到左腿，右腳向前跟半步」之動。句首漏「我即」，當為「我即含胸屈膝坐實」。「屈膝坐實」指屈右膝，坐實於右腿。

②緣：沿著、順著。此為穿繞之意。

③手：右手。

④掌腕中：當為「掌腕中間」。

第十節　摟膝抝步用法

動作及用法與第八節略同。（圖11）

圖11　摟膝抝步用法

第十一節　右摟膝用法

【說明】

由前勢。設敵人以左手或左足自下方來擊，我即將右足向前邁出一步，屈膝坐實，身隨右足扣轉前進，左足不動，變虛①。急將右手屈回，由內將敵人左手或左足摟至右膝外。左時②同時往身後左側圓轉，至耳旁，掌心朝前向敵人胸部按去，則敵人自倒。肩腕及眼神與摟膝扣步同，身手足俱要同時合作。（圖12）

圖12　右摟膝用法

【注釋】

①設敵人……變虛：動作順序描述有誤。其意應該為，設敵人以左手或左足自下方來擊，我即將身體向左轉，此時左腳並非「不動」，「變虛」的目的是

為了讓左腳尖外輾，然後落重心於左腿，「屈膝坐實」，才能「將右足向前邁出一步」。

②時：為「手」之誤。

第十二節　左摟膝拗步

動作用法與右摟膝相同。（圖13）

第十三節　手揮琵琶式

與第九節同。（圖14）

圖13　左摟膝拗步

圖14　手揮琵琶式

第十四　進步搬攔捶用法①

【說明】

由前式。設敵人用右手來擊，我即將左足微往後左側移動，腰隨往左拗轉，右足隨往前右側提出，變成拗步踏實。腰亦隨往右轉，兩手同時稍往左向右往裏圓轉，屈回右手變拳，向敵人腕上粘貼繞②，手心朝上將敵腕疊住，或往右脅旁稍採，左手隨腰轉動時，由後左側回轉，向上經過左耳旁，向前往裏用肘腕中間，將敵肘部裏曲，用粘合之勁往外搬住，手心反向下，指尖略垂，向上亦可。左足隨往前進一步，屈膝坐實，右拳隨即向敵胸部擊去。右足變虛，眼前看，腰

圖15　進步搬攔捶用法

隨進攻，則敵人自應手而顛躓矣。如敵臂乘我搬時欲往上滑轉，我速往上翻手腕攔之可也。（圖15）

【注釋】

①進步搬攔捶用法：此節文字讀來十分拗口，且難懂其意。在《太極拳體用全書・進步搬攔捶》中，文字經鄭曼青做大幅度調整，其意甚明。錄全篇如下：「由前式。設敵人用右手來擊，我即將左足微向左側分開（注：左腳尖外輾），腰隨往左拗轉，左手即往後翻轉至左耳邊，手心向下，右手俯腕，隨轉至左脅（注：「脅」為從腋下到肋骨盡處的部分）間，握拳翻腕向右轉腰，右拳隨之旋轉至右脅下，此謂之搬。同時提起右腳，側右（注：為「靠右側」之意）踏實，鬆腰胯沉下，左手即從左額角旁側掌平向前擊，謂之攔。左足同時提起踏出一步，坐實，右足伸直，右手拳即隨腰腿一致向前打出。然此拳之妙用，全在化人擊來之右拳。先以我之右手腕，黏彼之右手腕，從左脅上搬至右脅下。其時，恐敵人抽臂換步，即將左手直前隨步追去，寓有開勁。攔其右手時，即速將我右拳，向敵胸前擊去，則敵不遑避，必為我所中。此拳之妙用，所以全在搬攔之合法也。」

②繞：後缺「轉」字，此應為「繞轉」。

第十五節　如封似閉用法

【說明】

由前式。設敵人以左手握我右拳，我即將左手心緣①我右肘外面，向敵左手腕格去。右拳伸開，向懷內抽撤，撤至兩手心朝裏，如十字形②。同時含胸坐胯，隨即分開，變為兩手心向外，將敵肘腕封閉③。左向④著其腕，右手著其肘，急用長勁按出。眼前看，腰進攻，左腿仍屈膝坐實，右腿伸直變虛⑤，則敵必往後仰仆矣。(圖16)

圖16　如封似閉用法

【注釋】

①緣：字義同第九節注釋②。

②撤至兩手心朝裏，如十字形：《太極拳體用全書・如封似閉》：「至兩手心朝裏斜交，如成一斜交十字封條

形，使敵手不得進，猶如盜來即閉戶，此謂之如封之意也。」

③變為兩手心向外，將敵肘腕封閉：《太極拳體用全書・如封似閉》：「變為兩手心向敵肘腕按住，使不得走化，又不得分開，此謂之似閉。」

④向：為「手」之誤。

⑤左腿仍屈膝坐實，右腿伸直變虛：即左弓步之勢。

按：《太極拳釋義》中解說：「練習時，動作慢，要平均運行。」

圖17　十字手用法

第十六節　十字手用法

【說明】

設有敵人由右側自上打下，我急往右轉身，兩腳合步①，兩手由下往上合起，作十字形，手心朝裏，將敵之臂部掤住。如敵變雙手按來，我即

用雙手將敵雙手由內往左右分開，手心朝上向下均可。同時腰膝稍鬆，往下一沉，則敵人之力自散而不整矣。（圖17）

【注釋】

①兩腳合步：《太極拳體用全書・十字手》為：「兩腳直踏，如起式。」

第十七節　抱虎歸山用法

圖18　抱虎歸山用法

【說明】

由前式。設敵人自我後面右側，用右手從下部擊來，或用右足來踢我，即往右側轉身①，出右步，屈膝踏實②，左腿伸直變虛。右手隨身轉時，將敵右手或足摟至右膝外。左手同時由左側往前腕③轉運出，向敵面部按去。如敵又用左手自上打來，急用左手腕由敵左手腕下繞過粘住，右手同時圓轉提起，用腕向敵肘上臂部貼住，同時兩手往懷內左側合收抱回，則敵人自站不定。此時要鬆肩，坐肘④，左足實，右足虛。（圖18）

【注釋】

①即往右側轉身：句首漏「我」字。「往右側轉身」之前的動作敘述不詳，左腳須先向右內扣，方能向右轉身之。然後把重心移至左腿，方能出右腳踏出。

②屈膝踏實，左腿伸直變虛：即右弓步之勢。

③腕：為「圓」之誤。

④坐肘：「坐」疑為「墜」之誤。

第十八節　抱虎歸山內之三式

一擴抱圖（圖19）

二擠圖（圖20）

三按圖（圖21）

【注釋】

按：《太極拳體用全書・第十九節・抱虎歸山》後之攌、擠、按不另立一節，僅注：「故下附攬雀尾三式，攌擠按同上。」《太極拳釋義》中也不另立：「此三圖為抱虎歸山，連帶攬雀尾在內。」（圖19～圖21）

圖19　攌抱圖

圖20　二擠圖

圖21　三擠圖

第十九節　肘底看錘用法

【說明】

由前勢。如敵人自後方用右手來擊，我即將右足向左移動，坐實，身隨之轉動①，胸含背拔，頭頂②，腰鬆。左足當身將轉過正面③時，提起落下，腳跟著地，腳掌虛朝前。兩手隨轉身同時動作，左手側向裏，肘隨肩鬆，由左往後側平圓轉，轉至正面，我之腕臂④敵腕臂相交，隨自上黏合，繞過下面，用虎口緊抱其上肘，手心向內略往上托，右手隨握拳，轉至右脅下，虎口朝上，向敵人脅部打出，眼神前看。（圖22）

圖22　肘底看捶用法

【注釋】

①我即將……身隨之轉動：敘述不

詳。「右足向左移動」實為：右足以腳跟為軸內扣。「身隨之轉動」為被動狀，「腰為主宰」，實為身體左轉而帶動右足內扣。

②頭頂：頂頭懸。後同，不另注。

③正面：由於本書演練拳架「各式方向均以上下、前後、左右、兩側表示之，不拘定於東西南北」（見「凡例」第六條），因此，「正面」為什麼方位不甚明瞭，如設「起勢預備」為面南而立，該「正面」的方位指正東面。

④腕臂：此後漏「與」字。全句應為「我之腕臂與敵腕臂相交」。

第二十節　倒攆猴左式①用法

【說明】

由前式。敵人用右手當胸打來，我即將左手腕中間向敵右肘部裏曲處，用半圓黏合沉勁向左往外摟出②，則敵必隨之往左傾斜。左腳隨往後退，坐實。頭頂，肩鬆，背拔胸含。右腳不動變虛，右手同時往後右側環轉，而以上備敵人用左手來擊③。（圖23）

圖23　倒攆猴左式用法

【注釋】

①倒攆猴左式：「左」為「右」之誤。接「肘底看捶」後的「倒攆猴」為右式。

②我即將左手腕……往外摟出：裏，內側。曲，彎曲。黏合，黏貼於「敵右肘部」內側彎曲處。左臂向外「摟出」的動作不應該是主動，只是隨腰而略前撐外帶，是「肘底看捶」一式的延伸，為長勁。

③右手同時……用左手來擊：該式描述未盡。至定勢時應該為右掌向前完成推按。在《太極拳體用全書・倒攆猴》中，描述較為完整：「右手同時向後分開，至其失卻握力時，急向前按去。」

第二十一節　倒攆猴右式①用法

【說明】

由左勢。設敵人以左手來擊，我即將右手往前略往下，用腕中間粘合敵人肘部裏曲，向右往外化出。其身法、步法、與各姿勢均與左②式同。練法：退三步、五步、七步均可，但右手只至前③為止。（圖24）

圖24　倒攆猴右式用法

【注釋】

①倒攆猴右式：「右」為「左」之誤。

②左：為「右」之誤。

③右手只至前：只，疑為「推」之誤。《太極拳釋義》作「右手伸前坐掌」。

第二十二節　斜飛式用法

【說明】

由前式。如敵人自右側面向我上部打來，我急用右臂向敵人右臂外側掤，右足同時向右側出步。如敵人用下壓我臂腕，我即乘勢往下稍沉，勁隨，即將左手上提，提至敵腕上面，手心向下，貼合其腕，往我左側略施採意。左足暫坐實，隨將右手向敵右臂下抽出，順勢用腕部側面向敵上脇挒去，手心側向裏。右腳變實，右[①]腳為虛，眼神隨去，身亦右攻，則敵自歪而倒矣。（圖25）

圖25　斜飛式用法

【注釋】

①右：為「左」之誤。

圖26　提手用法

圖27　白鵝亮翅用法

第二十三節　提手用法

同前。（圖26）

第二十四節　白鵝亮翅用法

同前。（圖27）

第二十五節　摟膝拗步用法

同前。（圖28）

圖28　摟膝拗步用法

圖29　海底針用法

第二十六節　海底針用法

【說明】

由前式。設敵人用右手將我右腕牽動，我即屈右肘將手腕往回一提，手心向左，左腳隨之收平①，腳尖點地，右腳坐實。如敵再將我手腕往下採去，我即將右腕順勢鬆勁，往下一沉，腰隨坐下②，身往前回俯下低③，眼神前視，右④腿仍虛，則敵人之手力自懈。（圖29）

【注釋】

①平：為「回」之誤。

②腰隨坐下：坐，疑為「沉」之誤。「腰隨之下沉」之意。

③身往前回俯下低：「折腰俯身下蹲」之意。該句之後缺手法敘述，「海底針」的「針」指的是指法，以針喻指。《太極拳體用全書・海底針》有右手「指尖下垂，其意如探海底之針」。

④右：為「左」之誤。

按：《太極拳釋義》在此式「功能」中解曰：「練脊骨，壯腰腎。」

第二十七節　扇通臂用法

【說明】

由前勢。設敵人又用右手來擊，我同時急將右手由前往上往右提起，起至右額角旁隨起①，隨將手心翻向外，以托敵右手之勁。左手同時提至胸前，用手掌衝開之勁，向敵脅部撐去。可②沉肩、墜肘，坐腕、鬆腰。左腳同時向前踏出，屈膝坐實，腳尖朝前，右腿伸直變虛。身正向右③，含騎馬

圖30　扇通臂用法

襠④式。惟⑤眼神隨左手前看，則敵人自不能支持矣。（圖30）

【注釋】

①起至右額角旁隨起：「起」和「隨起」三字衍。

②可：此字衍。

③向右：設「起勢預備」為面南而立，該「向右」的方位指東南面。

④騎馬襠：為側弓步。襠，為武術術語，指人體兩大腿內側交界處，即恥骨聯合與尾骨之間的部位。

⑤惟：此字衍。

按：《太極拳釋義》在此式「功能」中解曰：「練膀臂力。」

圖31　撇身捶用法圖一

圖32　撇身捶用法圖二

第二十八節　撇身捶用法圖①

【說明】

由前式。設敵人自身後照脊背或脅②間用右手打來時，我即將右足抬起，向後偏右移動落下，足尖向前③，變實；右足尖向右轉④，變虛；腰身隨轉入正面⑤。右手同時由上圓轉向右肋⑥側落下，隨握拳，用腕部外面，手⑦心朝上，將敵右手腕疊⑧住，同時左手圓轉由左側收回胸前，急向敵人伸去。（圖31、圖32）

【注釋】

①圖：此字衍。

②脅：指從腋下到肋骨盡處的部分。

③向前：設「起勢預備」為面南而立，該「向前」的方位指正西面。

④右足尖向右轉：右，為「左」之誤。尖，該字多餘。右轉，左腳向右扣轉。

⑤設敵人自身後……腰身隨轉入正面：動作順序為，起右腳向西邁出，再左腳尖扣轉，再腰身轉向西面。此順序敘述有誤。「設敵人自身後……用右手打來時」，我身體必先向右轉，同時帶動左腳尖內扣後，右腳才有可能提起向正西面邁出。

⑥肋：指胸部的兩側。

⑦手：為「拳」之誤。

⑧疊：重複，疑為「壓」之誤。

第二十九節　進步搬攔捶用法①

【說明】

由前勢。設敵人將被疊之手向左用力撥時，我之右手腕稍隨鬆勁，急用左肘腕中間向敵右肘裏曲貼，往外搬開，肘尖略向上，手心朝外，指尖略向下，隨用右捶直向敵之胸部打去。此時左足向前邁出一步，屈膝坐實，右足尖就原地稍向右移轉②，變虛，眼前看，腰進攻，則敵自往後跌出矣。（圖33）

圖33　進步搬攔捶用法

【注釋】

①注解同於第十四節。

②移轉：外輾。

圖34　上步攬雀尾擺一

圖35　擠　二

第三十節　上步攬雀尾用法

同前。

上為攬雀尾內之擺擠按三式。

（圖34～圖36）

圖36　按　三

第三十一節 單鞭式用法

同前。（圖37）

圖37 單鞭式用法

第三十二節 抎①手用法右式

【說明】

由前勢。設敵人自前面右側用右手擊我胸部或脅部，我即將右手落下，手心向裏，由左而上往右翻轉，抎出至敵腕臂外間，手心向下，往右化去。左手同時隨落下，手心向下，隨往右抎去，身亦隨右手拗轉，眼神亦同時看

去。右足往右側挪步，坐實。左足亦略有向右移動之意，稍虛。則敵人之位置自然錯亂矣。（圖38）

圖38　抎手用法右式

【注釋】

①抎：喪失、失去。如《春秋傳》：「抎子，辱矣。」以「抎」作動詞有誤，此處的動作要領各含「掤、按、挑、挒」等法。

按：陳鑫《陳氏太極拳圖說》、牛春明《牛春明太極拳》作「運手」，武式作「紜手」，楊式有稱為「均手」「勻手」或「抎手」的，《太極拳體用全書》中改稱為「抎手」。「運」「紜」「勻」「抎」，字義各異，而古今讀音相同，名同字異的原因是口授時所誤，或轉抄時筆誤所致，也不排除各拳派根據自身理解而做出改動。若僅憑式名來求解其動作之意義，確定其動作之規範，則恐怕涉入牽強之謬誤。

圖39　抎手左式

圖40　單鞭用法

第三十三節　抎手左式

左右用法同，自悟方向而已。（圖39）

第三十四節　單鞭用法

同前。（圖40）

第三十五節

高探馬用法圖①

【說明】

由單鞭式。設敵人用左手自我左腕下繞過往右挑撥，我隨將左手腕略

圖41　高探馬用法

鬆勁，手心朝上，將敵腕疊住，往懷內採回。左腳同時提回，腳尖著地，鬆腰，含胸，右腿稍屈膝坐實。同時急將右手由後而上圓轉向前，往敵人面部用掌探去。眼前看，脊背略含，有探拔前進之意。（圖41）

【注釋】

①圖：此字衍。

第三十六節　右分腳用法

【說明】

由前勢。設敵人用右①手接我探出之右腕，我隨用右腕閉住敵之右②腕。墜肘沉肩，即將敵左臂向左側擺去。同時左手粘住敵人左腕，手心向

圖42　右分腳攦式用法

圖43　右分腳

下，暗有採勁。左腳同時向前左側邁出，坐實。身隨進，將右腳向左③提起，用腳背向敵人右脅踢去，隨將兩手向左右分開，眼隨右手看去，則敵勢自不支。（圖42、圖43）

【注釋】

①右：為「左」之誤。參見《太極拳體用全書・右分腳》。

②右：為「左」之誤。參見《太極拳體用全書・右分腳》。

③左：為「右」之誤。

第三十七節　左分腳用法

與右同。

圖44　左分腳攦式用法

圖45　左分腳

【說明】

三十七圖為左分腳，與右式用法、練法皆同，就是左右方向不同①，同志將右之方法反左，自己領悟就知，毋須再贅。無論前後②，凡有同樣圖左、右方向，自想而知矣。（圖44、圖45）

【注釋】

①方向不同：設起勢時身體為面向正南，右分腳方向則為東南方，左分腳方向則為東北方。

②無論前後：指本書內容前後。

圖46　左轉身蹬腳用法

第三十八節　左轉身蹬腳用法

【說明】

由左分腳式。設敵人從身後用右手打來，我即將身向左正方①轉動，頂勁，含胸拔背，鬆腰。右腳就原地②稍向左轉，仍實。左腿懸提，隨腰轉時腳尖朝下，向敵胸部蹬去。蹬時用腳跟，腳指③朝上，兩手同時隨腰轉時，向下往上捧合，與左腳蹬出時，向左右分開，眼神隨往前看去，則敵自倒矣。（圖46）

圖47　左摟膝用法

圖48　右摟膝用法

【注釋】

①左正方：設起勢時身體為面向正南，該「左正方」則指西北方。

②就原地：以腳跟為軸。

③腳指：「指」與「趾」在古代漢語中相通。

第三十九節　左摟膝用法

同前。（圖47）

第四十節　右摟膝用法

同前。（圖48）

第四十一節　進步栽錘用法

【說明】

由前式。右手摟出時，設敵人用右腿踢來，我即用左手將敵右腿由裏往左摟開，左足同時向前邁出，屈膝坐實。隨將右手握拳，向敵右膝擊之。亦可右腿伸直，變虛，腰身略俯下平曲①，胸含，眼前看，則敵自站立不穩矣。（圖49）

圖49　進步栽捶用法

【注釋】

①平曲：平，脊背斜中正直。曲，腰胯俯折前傾。

第四十二節　翻身撇身錘用法

【說明】

由前勢。設人①用右手自身後來

圖50　翻身撇身捶用法一

圖51　翻身撇身捶用法二

擊，我急將身由右往後翻轉，轉入正面②。右手同時提起，由左往右圓轉，屈肘，用腕將敵腕疊住，手③心朝上，暗用採勁。左手同時轉過胸前，向敵人面部用掌跟挒去。左足尖向右稍轉動④，右腿速提起向前右側落下，坐實，左腿變虛，眼神隨往前看去。（圖50、圖51）

【注釋】

①人：前應補「敵」字。

②正面：設起勢時身體為面向正南，該「正面」則指正西方。

③手：為「拳」之誤。

④轉動：內扣。

第四十三節　進步搬攔錘用法①

【說明】

由前式。設敵人用右臂將我右腕掤起，我急將左手腕乘勢將敵右肘裏曲貼合，往外搬住。右手握拳向敵胸部衝出打去，虎口朝上，左腿向前邁步，屈膝坐實，右腳變虛。眼前看，腰進攻。以上身、手、足各部俱要同時合作，則敵必應手而倒矣。（圖52）

【注釋】

①注解同於第十四節。

圖52　進步搬攔捶用法

第四十四節　右蹬腳用法

【說明】

由前勢。設敵人用左手將我右臂向左推出，此時將我①右腕順勢由②敵人手腕下纏裹③，自右往左捌開，隨將右腳向敵人正面④蹬出。左腳尖同時向左稍轉⑤，坐實，身亦隨往左轉入正面⑥。頭頂，背拔，眼神隨右腳蹬時⑦看去。（圖53）

圖53　右蹬腳用法

【注釋】

①將我：為「我將」之誤。

②由：為「在」之誤。

③裹：為「繞」之誤。

④正面：設起勢時身體為面向正南，該「正面」則指東南方。

⑤稍轉：指外輾。

⑥隨將右腳……身亦隨往左轉入正面：動作順序敘述有顛倒之誤，應該為，先身體略向左轉，帶動左腳外輾，重心移於左腿後，隨將右腳提起向敵人蹬出。

⑦時：為「方向」之誤。

第四十五節　左打虎式用法

【說明】

由前式。設敵人由左前方用左手打來，我將右足落下，左足隨往左側提①出，屈膝坐實，右足變為虛，身此時略成騎馬襠②形式，面向左正方③。兩手同時落下，隨落隨往左合轉，用右手將敵左腕扼④住，往左側下採去。左手變拳，由左外翻轉上，招⑤至左額角旁，手⑥心向外，急向敵人頭部或背部打去。頭頂，腰鬆，眼神隨左手看去。（圖54）

圖54　左打虎式用法

【注釋】

①提：為「踏」之誤。

②騎馬襠：為側弓步。此處為左側弓步。

③左正方：設起勢時身體為面向正南，該「左正方」則指西北方。
④扼：掐捏。
⑤招：為「轉」之誤。
⑥手：為「拳」之誤。

第四十六節　右打虎式用法①

圖55　右打虎式用法

【說明】

由左式。設敵人自後右側用右手打來，我即將右足提起，向右側邁去，屈膝坐實，略成跨馬式②。腰隨之往右側前方拗轉，左腿變虛，兩手同時隨落，隨往右合轉，用左手將敵右腕扼住，往右側下採去。右手

變拳，由右外翻轉上，招[3]至右額角旁，手心向外，急向敵人頭部或背部打去。頂勁，鬆腰，眼神隨右手看去。（圖55）

【注釋】

①右打虎式用法：此式用法與注解同上，僅為左式、右式而已，無二殊。

②跨馬式：即騎馬襠。此處為右側弓步。

③招：為「轉」之誤。

圖56　回身右蹬腳

第四十七節　回身右蹬腳

同前。（圖56）

第四十八節　雙風貫耳用法

【說明】

由前勢。設敵人自右側用雙手打

來，我急將左腳尖稍向右轉①，仍實②。右腳同時向右側懸③轉，膝上提，腳尖朝下，身同時隨轉。速將兩手背由上往下將敵人兩腕往左右分開疊住。頭頂，腰鬆，背拔胸含。隨將兩手握拳，由下往上向敵人雙耳用虎口貫④去。右腳同時向前落下，變實，眼前看，身略有進攻意。此時左足變虛。（圖57）

圖57　雙風貫耳用法

【注釋】

按：雙風貫耳，有作「雙峰貫耳」「雙封貫耳」的。「雙風」者，喻雙拳速度激如颶風；「雙峰」者，喻雙拳力度如山峰夾擊；「雙封」者，喻雙拳左右封閉圈打，雖音同字異，而其意一致。貫，在動詞狀態時，意為「通」「穿」，本不作技擊字義解。在此同「摜」，兩拳鉗狀，以摜擊敵雙耳，所謂形到意到。

①右轉：向右內扣。

②仍實：仍然踏實。

③懸：本義為吊掛。此處喻左腳上提。

④貫：為「摜」之誤。

第四十九節　左蹬腳用法

【說明】

由前式。設有敵人自左側脅部來擊①，我急用左手將敵右手臂②粘住，由裏往外捌開。左足同時往前招③起，照敵胸脅部蹬去。右手隨往右分開，此時右足在原地微有移動④，仍坐實。頭頂，背拔，眼神隨往前看去。（圖58）

圖58　左蹬腳用法

【注釋】

①設有敵人自左側脅部來擊：此句意為設有敵人自左側向我脅部來擊。

②臂：為「背」之誤。

③招：為「提」之誤。

④移動：外輾。

第五十節　轉身蹬腳①用法

【說明】

接前式。如有敵人從背後左側打來時，我急將身往右後邊轉成正面②，左腳同時隨身轉時收回，隨收隨往右懸轉③，落下坐實，腳尖向前，此時，右腳掌為一身轉動之樞紐④。兩手合收，隨身至正面，急用右手腕將敵肘腕粘住，自上而下向左捌出，右腳同時招⑤起，向敵胸脅部踢⑥去，左手隨往左分開。（圖59）

圖59　轉身蹬腳用法

【注釋】

①轉身蹬腳：應為「轉身右蹬腳」。

②正面：設起勢時身體為面向正

南，該「正面」則指正東方。

③左腳同時隨身轉時收回，隨收隨往右懸轉：其意為左腳屈膝回收，屈膝上提，隨身體向右後轉。

④右腳掌為一身轉動之樞紐：樞紐，關鍵之處。此句意為以右腳掌為軸，身體以縱軸而轉動。也有以腳跟為軸而轉動的練法。

⑤招：為「提」之誤。

⑥踢：為「蹬」之誤。

第五十一節　進步搬攔錘

同前。（圖60）

圖60　進步搬攔捶

圖61　如封似閉

圖62　十字手

第五十二節　如封似閉

同前。（圖61）

第五十三節　十字手

同前。（圖62）

第五十四節　抱虎歸山

同前。

抱虎歸山內之三式（抱與擴不同）。（圖63～圖65）

圖63　抱虎歸山

圖64　擴式一

圖65　擠式二

第五十五節　斜單鞭（與前方向不同）

（圖66～圖67）。

圖66　按式

圖67　斜單鞭

第五十六節　野馬分鬃右式用法

【說明】

由前式。設敵人自右側進左步用左手打來，我即將身右轉，抽回右足，腳尖虛點地，隨用左手將敵左腕牽住，往左側下略有採意。同時急上右足，屈膝坐實，左足變虛，隨用右腕向敵腋下分去[1]，左手亦隨之鬆開。此時，身隨進，眼前看，則敵自歪斜而不能立矣。（圖68）

圖68　野馬分鬃右式用法

【注釋】

①分去：「分」字不妥，此為「捌」勁，應為「捌去」。

圖69　野馬分鬃左式用法

圖70　攬雀尾掤式一

第五十七節　野高①分鬃左式用法

【說明】

由右式。如敵人自左前側方用右手打來，我用右手將敵右腕牽制，隨進左手左足，餘式皆與右同。（圖69）

【注釋】

①高：為「馬」之誤。

第五十八節　攬雀尾①

（圖70～圖73）。

字。

【注釋】

①攬雀尾：此節下應補「同前」兩

圖71　攦式二

圖72　擠式三

圖73　按式四

第五十九節　單鞭用法

同前。（圖74）

圖74　單鞭用法

第六十節　玉女穿梭頭一手左式①用法

【說明】

由單鞭式。設敵人從後右側用右手自上打下，我即將身右轉，右腳隨即提回左腳前②，急用右腕將敵右腕外面掤住。左腳同時前進，屈膝坐實③，左④腳虛。再用左腕由敵肘腕裏面往上偏左圓活掤起，隨將右手騰⑤出，向敵胸脅部按去。頭頂，腰鬆，胸含背拔，眼前看則敵自傾。（圖75）

圖75 玉女穿梭頭一手左式用法

【注釋】

①玉女穿梭頭一手左式：即「左玉女穿梭」。

②我即將身右轉，右腳隨即提回左腳前：將身右轉時，缺少「左腳內扣」之動作描述。「提回左腳前」是指右腳提起，向左前方邁出。

③屈膝坐實：屈膝坐實於左腿。

④左：為「右」之誤。

⑤騰：空出來，挪移。

第六十一節 玉女穿梭第二手右式①用法

【說明】

接前式。如敵人由身後右側用右手劈頭打來，我即將左腳往裏稍轉②，右腳同時向後右側出③步，屈膝坐實，身隨向後往右抝轉，左腳變虛，急用

圖76　玉女穿梭第二手右式用法

圖77　玉女穿梭三式

右腕由敵右臂外粘住，往上右側掤起，隨將左手向敵右脅按去，則敵自倒。（圖76）

【注釋】

①玉女穿梭第二手右式：即「右玉女穿梭」。

②往裏稍轉：內扣。

③出：為「撤」之誤。

第六十二　玉女穿梭

三式[①]用法與第一式同。（圖77）

【注釋】

①三式：即「第三式」左玉女穿梭。

第六十三　玉女穿梭

四式①用法與第二式同。（圖78）

【注釋】

①四式：即「第四式」右玉女穿梭。

圖78　玉女穿梭四式

第六十四節　攬雀尾

同前。（圖79～圖82）

圖79　攬雀尾掤式一

圖80　攦式二

圖81　擠式三

圖82　按式四

第六十五節　單　鞭

無論前後①，單鞭與抎手二姿式相同，練法與用法亦相同。（圖83）

【注釋】

①無論前後：指本書套路文字介紹中的前後。

圖83　單　鞭

第六十六節　抎　手

（圖84、圖85）。

第六十七節　單鞭下式用法

【說明】

由單鞭已出之左手。如敵人以右手將我左手往外推去，或用力握住，我即將右腿往後坐下，左手同時用圓活裹①勁收回胸前；或敵用左手來擊，我急用左手將敵左腕扼②住，往左側下採去。亦可右腿與腰身同時

圖84　右抎手

圖85　左抎手

圖86　單　鞭

圖87　單鞭坐下式

坐下，以牽彼之力而蓄我之氣。（圖86、圖87）

【注釋】

①裹：纏繞，《說文》：「裹，纏也。」

②扼：掐捏。

第六十八節
金雞獨立右式用法

由上式[1]。如敵人往回拽其力，我即順勢將身向前向上鑽[2]起，右腿隨之提起，用膝向敵腹部衝去[3]。右手隨之前進，屈肘，指尖朝上，以閉

圖88　金雞獨立右式用法

圖89　金雞獨立左式用法

敵人左手。此時左腳變實，穩立，頭頂，背拔。右手隨進時，或牽制敵人左右手，亦可不必拘執④。（圖88）

【注釋】

①由上式：句前漏「說明」兩字。

②鑽：為「站」之誤。

③衝去：衝，撞。去，為「擊」之誤，意為撞擊。

④拘執：拘泥固執。

第六十九節　金雞獨立左式用法

【說明】

圖90　倒輦猴

圖91　斜飛式

由右式。設敵人用右拳打來，我右手沉下，速起左手托敵肘，提左腿與右理同①。（圖89）

【注釋】

①與右理同：右，指「金雞獨立右式」。理，指「用法」。

第七十節　倒輦猴

同前。（圖90）

第七十一節　斜飛式

同前。（圖91）

圖92　提　手

圖93　白鶴亮翅

第七十二節　提　手

同前。（圖92）

第七十三節　白鶴亮翅

同前。（圖93）

第七十四節　摟膝拗步

同前。（圖94）

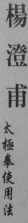

圖94　摟膝拗步

圖95　海底針

第七十五節　海底針

同前。（圖95）

第七十六節　山通背

同前。（圖96）

圖96　山通背

第七十七節　轉身白蛇吐信

此式與撇身錘同，惟第二式變掌，用法在指在掌耳①。（圖97、圖98）

【注釋】

①耳：文言助詞，而已，罷了。

圖97　轉身白蛇吐信式一

圖98　轉身白蛇吐信式二

圖99　搬攬錘

圖100　攬雀尾搬式一

圖101　擠式二

第七十八節　搬攬錘

同前。（圖99）

第七十九節　攬雀尾式用法

同前。（圖100～圖102）

圖102　按式三

第八十節　單鞭式用法

同前。（圖103）

第八十一節　扸手用法

同前。（圖104、圖105）

圖103　單鞭式用法

圖104　扸手右式

圖105　扸手左式

圖106　單鞭用法

圖107　高探馬代穿掌

第八十二節　單鞭用法

同前。（圖106）

第八十三節　高探馬代穿掌

（圖107）。

第八十四節　十字單擺蓮用法（即十字腿）

【說明】

由前式。設敵人自身後右邊用右手橫混①打來，我急將身向右正面②扨轉，左臂同時翻轉屈回，與右臂上下相映時，急向身後右側探手③，由敵右腕裏邊往外粘去，同時急將右腿提起，用腳背之混④勁，向敵右肋部踢去，則敵必應腳而出矣。（圖108）

圖108　十字單擺蓮用法

【注釋】

按：在楊式太極拳傳統套路中，該勢的兩種練法都包括在此式名中。其一為「十字單擺蓮」，亦有稱為「單擺蓮」或「轉身單擺蓮」的，即右腿就勢向前掃踢時，左掌向前迎拍右腳面。其二為「十字腿」，即此式「說明」所敘，右腿向前蹬出，如同「右蹬腳」之式。在楊健侯所傳「中架」套路中，此式練法為「單擺蓮」。

在楊澄甫所傳「大架」套路中，原先練法為「十字腿」，後改為「單擺蓮」，在崔仲三編著《楊式太極拳體用圖解》中，記有崔毅士關於這一改動所述：「楊（澄甫）老師提到拳術套路中蹬腳的動作比較多，只有一個雙擺蓮動作，顯得有些單調，變動一下，使得套路中前有單擺蓮，後有雙擺蓮，不僅前後動作有相互呼應之意，而且也豐富了腿法的變化。」不過，在楊澄甫的弟子，如牛春明、董英傑、陳微明、李雅軒、楊振鐸、曾昭然等人的拳著中，此式均為「十字腿」。

自幼時就在楊家習拳的田兆麟在《太極拳刀劍杆散手合編》中說：「（單擺蓮）斯種練法雖含有襯腿極佳用法，但無腰腿功夫者不易練習，故今人都改為上式（十字腿）。」

顧留馨著《太極拳術》中亦記：「十字腿這個拳勢，原來的練法是單擺蓮腿，現在名稱未改，仍是『十字腿』，但練法改為右蹬腳的動作。這是當年楊澄甫老師南下到上海授拳，為了『十字腿』練法對年老體弱者不能適應，就修訂為右蹬腳的動作。」

由此可見，在傳統套路中，「單擺蓮」和「十字腿」兩種練法雖難易各異，應時應地應人而變動，但技擊含義略同，因此，在套路習練中不作定規。

①橫混：混，胡亂，疑為誤字。橫混，可作橫向解。

②右正面：設起勢時身體為面向正南，該「右正面」則指正西方。

③探手：探，伸，伸手。

④混：此處為「橫」之誤。

第八十五節　進步指襠捶用法

圖109　進步指襠捶用法

【說明】

接前式。如敵人往回撤手時，我即將右足落下，同時左足前進，屈膝坐實。在此時，設敵人再用右足自下來踢，急用左手將敵右足往左膝外摟開，右手隨即握拳，向敵腹部指①去。身微俯式，眼神隨之前看。（圖109）

圖110　攬雀尾搌式一

圖111　擠式二

【注釋】

①指：為「打」之誤。

第八十六節　上步攬雀尾用法

同前。（圖110～圖112）

圖112　按式三

第八十七節　單鞭下式用法

同前。（圖113、圖114）

圖113　單　鞭

圖114　單鞭坐下式

第八十八節　上步七星用法

【說明】

由上式①。設敵人用右手自上劈下，我即將身向左前進②，兩手同時集合，交叉作七字形③，手④心朝裏掤住，向敵用拳直打亦可。右腿在兩手交叉時提起，用腳背踢去，左腳變實。拔背含胸，頭要頂勁，眼神往前注視，則我身自穩固矣。（圖115）

圖115　上步七星用法

【注釋】

①由上式：句前漏「說明」兩字。

②向左前進：重心向左腳前移。其後漏述「左腳外輾」「右腳內扣」必要之說明。

③七字形：字，為「星」之誤。意

指在定勢時，頭、肩、肘、手、胯、膝、腳七個出擊點的分佈位置猶如北斗七星，而得其名，也有稱作「七星勢」或「七星捶」的。

④手：為「拳」之誤。

第八十九節　退步跨虎式用法

圖116　退步跨虎式用法

【說明】

由前式。設敵人再用雙手從我頭之兩旁合擊，我即將兩腕粘在敵兩腕裏邊，左手往左側下方沾去，右手往右側上方沾起，兩手心隨之反轉向外。右腳隨往後落下坐實，腰隨往下沉勁。左足隨之稍後提，腳尖點地，拔背含胸，頭頂勁，眼神前看。（圖116）

第九十節　轉身雙擺蓮用法（又名轉腳①擺蓮）

【說明】

由前勢。設敵人自我身後用右手打來，我即將右腳掌就原地②向右後方扨③轉④，身隨圓⑤轉，左腳亦隨之懸轉⑥，轉至右腳後方落下坐寔⑦。同時兩手隨身合轉，轉至緊挨敵右肘腕粘住，隨纏繞腕之裏面，往左捌去，急用右腳背向敵胸脅部踢去。左腳踏實，鬆腰，頭頂勁，眼神向敵人看去，右手隨往右分開。（圖117）

圖117　轉身雙擺蓮用法

【注釋】

①腳：為「身」之誤。

②右腳掌就原地：意為右腳以前腳掌為軸，腳跟向內碾轉。

③右後方：設起勢時身體為面向正南，該「右後方」則指西南方。
④㧙轉：擰轉。
⑤圓：疑為「右」字之誤。
⑥懸轉：懸，懸掛、提起。意為左腳順勢提起隨體右轉。
⑦寔：同「實」。

第九十一節　彎弓射虎用法

【說明】

由前式。設敵人往回撤身時，我即將右手隨敵右手粘去，隨繞過腕外面，握拳打出，左手同時沉在敵右肘彎曲處。右腳隨往右落下坐實，腰下沉勁，如騎馬檔樣式。左腳變虛，如練法圖與後三十七對圖解說，少①有不同，是各有意思②，皆對太極變化③不能拘一。（圖118）

圖118　彎弓射虎用法

圖119　進步搬攔捶用法

【注釋】

①少：稍，略微。

②意思：道理。

③變化：變通。

第九十二節　進步搬攔捶用法

同前。（圖119）

圖120　如封似閉用法

圖121　合太級

第九十三節　如封似閉用法

同前。（圖120）

第九十四節　由如封似閉作十字手式

同前。收式變為合太極①。（圖121）

【注釋】

①合太極：返回「無極式」，為整個套路結束動作姿勢。

十三勢歌

十三勢來莫輕視，命意源頭在要隙。①
變轉虛實須留意，氣遍身軀不少滯。②
靜中觸動動猶靜，因敵變化示神奇。③
勢勢存心揆用意，得來不覺費功夫。④
刻刻留心在腰間，腹內鬆淨氣騰然。⑤
尾閭中正神貫頂，滿身輕利頂頭懸。⑥
仔細留心向推求，屈伸開合聽自由。⑦
入門引路須口授，功夫無息法自休。⑧
若言體用何為準，意氣君來骨肉臣。⑨
想推用意終何在，益壽延年不老春。⑩

歌兮歌兮百四十，字字真切義無遺。[11]
若不向此推求去，枉費工夫貽歎息。[12]

【注釋】

按：「十三勢歌」是十三勢長拳（太極拳前稱）的古歌訣，在《太極拳經》乾隆抄本中為「十三勢歌訣」，楊氏、武氏、李氏拳譜中都收錄，武氏、李氏《廉讓堂太極拳譜》中為「十三勢行功（工）歌」，陳微明《太極拳術》中為「十三勢歌」。《太極拳經》乾隆抄本中此歌訣被列為第六首，對照字數、措辭風格和古代語法修辭來看，與其他古歌訣尚無協調之處，疑為後人在流傳轉抄時將其與其他古歌訣混雜集冊。由於歌訣蘊含的拳術思想與王宗岳拳譜一致，故普遍認為此歌訣與《太極拳論》《太極拳釋名》《打手歌》四篇均出於清代山西王宗岳之筆，此說頗為牽強，其一，此歌訣在措辭風格和行文習慣上與《太極拳論》等篇大相徑庭；其二，王宗岳《太極拳論》是「太極拳」名最早出現的首篇，既然如此，該歌訣名理應對應其他兩篇，稱《太極拳歌》才合理。

唐豪在《廉讓堂本〈太極拳譜〉考釋》中說：「王宗岳足跡不出黃河之南，可證長拳十三勢在乾隆時代已由溫縣陳溝外傳。」其中「由溫縣陳溝外傳」之說，也只是論據不足的探討而已。

①十三勢來莫輕視，命意源頭在要隙：「勢來」應作「總勢」，有譜作「十三勢勢」，古太極拳有多種習練形式，據楊家所傳，按開展與緊湊可分為大、中、小架，按姿勢的高低可分為低、中、高架等，總的來說，各種拳式的拳理和招式運用基本相同。輕視，不重視，有譜作「輕識」。要，為「腰」之誤。命意，寓意，為文與作畫時的構思，古文化中謂之「心」，如《黃帝內經・靈樞・本神》：「可以任物謂之心，心有所憶謂之意。」「以心行氣」「以氣運身」而「主宰於腰」，本句意為：用作為最高主宰的心來支配全身，發動源頭在腰隙。

②變轉虛實須留意，氣遍身軀不少滯：變轉，有譜作「變換」。留意，關心，有譜作「留神」。少，稍，略微。滯，凝聚，不流通。

③靜中觸動動猶靜，因敵變化示神奇：觸，知覺，感觸，「因敵變化」而產生「靜中觸動」，繼而「雖動又靜」。示，有譜作「是」。

④勢勢存心揆用意，得來不覺費功夫：揆，揣測，有譜作「須」。存心揆用意，有譜作「揆心須用意」。意，指精神功能。功夫，武術技能，疑為「工夫」之誤。費工夫，耗費的時間和精力。兩句意為：在心裏用意念揣測，來支配每一勢動

作，能收穫本事，想不到是需要耗費很多時間和精力的。

⑤刻刻留心在腰間，腹內鬆淨氣騰然：刻刻，每時每刻。留心，關注。腰間，指腰際部位。鬆淨，有譜作「鬆靜」。騰，上升。然，副詞，在句尾表示肯定的語氣，同「焉」。

⑥尾閭中正神貫頂，滿身輕利頂頭懸：中正，有譜作「正中」，同義。頂，頭頂。神貫頂，形容精神提起，與「神內斂」和「虛靈」同義。輕利，不費力、靈巧，是對「變轉虛實須留意，氣遍身軀不少滯」的概括。頂頭懸，頭頂如被懸提，是古歌訣中的「順項貫頂」、王宗岳注文中的「頂勁」「提頂」的另一種稱謂。

⑦仔細留心向推求，屈伸開合聽自由：向，介詞，同現代漢語「對」。推求，推敲、尋求、體悟。屈伸，即「隨屈就伸」「沾黏（粘）連隨」。開合，展放和收縮，太極拳的「開合」主要是指「內開外合」，發勁也是「屈伸開合」的反映，亦指太極拳的所有活動過程。聽，任憑。自由，由己做主，「聽自由」亦為王宗岳所說的「從心所欲」，是太極拳達到「懂勁」的境界。

⑧入門引路須口授，功夫無息法自休：引路，領路，有譜作「道路」。口授，口頭傳授。息，停止。法，方法。休，歇息、停止，疑為「修」之誤。修，鑽

研，學習。自修，自我鑽研。兩句意為：功夫的習練是無止境的，在方法上靠的是自我不斷學習和鑽研。

⑨若言體用何為準，意氣君來骨肉臣：若，連詞，相當於現代漢語的「至於」，用在句首以引起下文。體用，指本體和作用。準，標準、準則。上文之「準」，指學練十三勢長拳必須遵循的綱要性的標準和法則。氣，指精神，與「氣遍身軀」之「氣」是兩個概念。君，指古代大夫以上的統治者，引申為主宰、統治、至高無上。臣，古代稱國君所統屬的官吏等，引申為配屬，如《禮記•樂記》：「宮為君，商為臣。」指第二位的。兩句意為：至於十三勢長拳的學習鍛鍊以什麼作為綱要性的準繩呢？那就是精神，是以精神鍛鍊為實質，而肢體動作的鍛鍊則是輔助的。

⑩想推用意終何在，益壽延年不老春：想推，即「推想」之錯序，為推研、推究思索之意，有譜作「詳推」，為詳細推究的意思。用意，意圖。終，到底、終究之意。何在，原為在哪裏的意思，這裏引申為是什麼。全句意為：推究學練與終生鍛鍊的意圖到底是什麼呢？

⑪歌兮歌兮百四十，字字真切義無遺：兮，文言助詞，相當於現代的「啊」

或「呀」，有譜作「歌兮歌兮百卅字」。卅，音ㄒㄧˋ，意為「四十」。遺，有譜作「疑」，誤。此處應為遺漏意。兩句意為：這首歌一共有一百四十個字（指前面二十句，後四句為總結），全部闡明了十三勢長拳的拳理，沒有遺漏一處明確的道理。

⑫若不向此推求去，枉費工夫貽歎息：習練者如果不像歌訣所述的那樣去研究追求，那就是白白耗費時間精力，最後只能為達不到結果而歎息。

按：對於老拳譜中的一些文獻，大部分人是從推手這個角度來解釋的。其實，推手只是習練拳架和散手搏擊之間一種過渡的訓練項目，而其最終習練目的，則為練就散打搏擊的技擊技術。

太極拳為武術，武術如「武」字之形，是上為戰鬥（戈），下為停止（止）的格鬥技術，也就是使用打鬥搏擊等手法，來達到征服對手，而起到停止戰鬥目的之技術。

前人習武，並非僅為「和平共處」的推手而練，因此，對於早期的拳譜和武學著述僅理解為推手技術，不免偏廢。言曰：「武術，上武得道平天下，中武入喆安身心，下武精技防侵害」，說的就是習練武術的道理。

（一）**合步推手**：甲右足在前，乙亦右足在前，即四正推手。

（一）**順步推手**：甲右足在前，乙左足在前，為順步。

（一）**活步推手**：或甲①乙各進三步，或甲或乙各退三步。且記，進者先進前腿，退者先退後足，為標準。手與前推手同。

（一）**一步推手為合步姿勢**：甲進右足②，左足隨進半步；乙退後左足一步，右足亦隨退半步，此為前帶後，後帶前，甲乙先後均可。

以上各種推手手法皆同，惟步法不同耳。

【注釋】

①甲：「甲」字之後漏「或」字，應為「或甲或乙」。

②甲進右足：漏「一步」，應為為「甲進右足一步」。

掤握擠按①須認真，上下相隨人難進②。任他巨力來打我③，牽動四兩撥千斤④。引進落空合即出⑤，沾連黏隨不丟頂⑥。

【注釋】

按：本歌訣名為《打手歌》，一般認為是王宗岳所著《太極拳譜》中的四篇原文之一。打手，古時喻指精於技擊、勇敢善戰的人。如明·唐順之《敘廣右戰功》：「其酋楊留者無所歸，乃率其黨千餘人詣賓州應募為打手。」由此可見，古時所謂「打手」並非是「推手」，而是技擊搏擊功夫。《打手歌》也並非僅僅是關於推手的歌訣，其實質是包括散手等實戰應用的戰術思想，也是太極拳體用精要的濃縮。

《打手歌》究竟為何人在何時所作，歌訣題名是後人所加，抑或是原作者所擬定，現在已無法確鑿考證。沈壽在《太極拳譜》一書中記述：「其作者為王宗岳，最早是沒有爭議的。後經唐豪考據認為，《打手歌》當係王宗岳據前人著作潤改而成。」其理由為「陳家溝有四句及六句《打手歌》……隨後顧留馨應之，定《打手歌》為『王宗岳修訂』，但這畢竟屬一家之說，茲特錄以備考。」僅有四十二字的《打手歌》，完整地描述了從與對手開始接觸，至發勁攻擊的全過程，也是太極拳所有應用形式要求精練的概括，它所闡述的戰術思想與行文風格與《太極拳論》完全一致，因此，此歌訣為王宗岳晚年所作是可信的。

①掤攌擠按：喻指太極十三勢，李雅軒說道：「掤攌擠按須認真，就等於說十三勢須認真。」

②上下相隨人難進：人，指對手或設想之對手。進，進攻，指攻擊到自己身軀中路。

③任他巨力來打我：他，與第二句的「人」相同，指對手或設想之對手。巨力，巨大的力。打，攻擊。

④牽動四兩撥千斤：牽，原意為引導、牽引等，此處意為「借人之力，隨之由腰脊為主宰而帶領軀體轉動的動作」。撥，擺弄、分開。千斤，喻指上句之「巨力」。

⑤引進落空合即出：進，靠近。合，相符。即出，立即出動，引申為向對手發出諸如發勁、點穴之類的攻擊。

⑥沾連黏隨不丟頂：沾，指沒有主動動力的輕輕接觸。連，連接。黏，膠合。隨，依從。這四字是比喻詞性。不丟頂，不離開接觸又不支承，即「不丟不頂」，用李雅軒所說，「不丟是不脫離對方的手，不頂是不抵抗對方的手」。

推手法圖解

如甲乙二人練習，先作右琵琶式。對手時，無論甲乙右足在前均可，其距離寬窄，隨人得機得勢①為標準。

初搭手為接式，甲為掤，乙為按。甲隨乙按時腰往回坐縮，以左②手腕黏乙肘尖上處，亦同時雙手往回攦。此謂之攦，如推手第二圖。

乙被甲攦，則身傾於左③方，似不得力。而乙之右④手隨甲攦之方向送去，以左⑤手掌補於左肘彎⑥處，向前擠去。此謂之擠，如三圖。

甲被乙擠，似不得力，即含胸，以右⑦手心黏乙右⑧手背，往左⑨化去，則乙擠不到身上矣。甲之左⑩手，同時按乙⑪肘處，兩手同時向前按去，此之謂按，如第四圖。

第一圖

第二圖

第三圖

第四圖

【注釋】

①得機得勢：機，關鍵、要點。勢，形勢。時機。在推手或散打實戰中，得機不一定得勢，而得勢一定是在得機的條件下產生的，得機的同時要得勢才能變成勝勢。

②③⑤⑨⑩左：此五處「左」皆為「右」之誤。

④⑦⑧右：此三處「右」皆為「左」之誤。

⑥灣：為「彎」之誤。

⑪乙：「乙」字後漏「右」，指乙方右肘。

四正推手法

四正推手者，即兩人推手時用攦、擠、按、掤四法，向四方週而復始作互相推手之運動也。作此法時，兩人對立作雙搭手右式。

甲屈膝後坐，屈兩臂，肘尖下行垂（作琵琶式），兩手分攬①。乙之右臂腕肘處向懷內斜下方攦。

乙趁勢平屈右肱②，成九十度角形，向甲胸前前擠，堵其雙腕。並以左手移撫③肱內，以助其勢。

甲當乙擠肘時，含胸，腰微左轉，雙手趁勢下按乙左膊。

乙即以左臂擠推，分作弧線向上運行，掤化甲之按力，同時右膊亦自下纏上甲之左肘，以謝④其勢。

乙掤化甲之按力後，即趁勢攦甲之左臂。

甲隨乙之握勁前擠。乙隨甲之擠勁下按。

甲即掤化乙之按力後握，自此週而復始運轉不已，是謂四正推手法。

【注釋】

①攬：提，撩起。

②肱：音ㄍㄨㄥ，胳膊由肘到肩的部分。

③撫：輕按。

④謝：為「卸」之誤。

按：在《太極拳釋義》中，董英傑對掤、握、擠、按作出的定義為：「掤：即捧上架高，使對方手膊不易落下也。平掤如第一道防線，使對方不能進也。」「握：即拉也，將對方拉斜，使其立足不穩，我即有可乘之機。」「擠：即逼對方不能逃也，擠住不能動也。」「**按**：即用雙手按住對方，使對方不得動也，向下按、向前按均可。」對「四正推手法」的概括為：「練時你握我擠，我擠你將按，你按我預掤，我掤你再按，我同時又斜握。」

大擺用法單式圖解

第一節　甲為掤化去勁之圖：甲前膊為掤，肘尖涵①去勁。

第二節　甲為擺截之圖：甲左手為擺為採，右手為截，兩手總式為挒。

第一節圖

第二節圖

第三節　甲為採閃之圖：甲左手為採為切，右手為閃為愰[②]。

第四節　甲為擠靠之圖：甲左手扶處為擠，右背尖處為靠。

第三節圖

第四節圖

【注釋】

①涵：蓄積、包容。

②愰：古同「晃」，搖動、擺動。

四隅推手法（即大攦）

四隅推手者，一名大攦，即兩人推手時，用肘靠採挒四法，向四斜方週而復始作互相推手之運動，以濟①四正之所窮②也。作此法時，兩人南北對立作雙搭手。

右式：

甲右足向西北斜邁一步，作騎馬式或丁八步。右臂平屈，右手撫乙之右腕。左臂屈肘，用下膊骨中處向西北斜攦乙之右臂。

乙即趁勢左足向走③前方橫出一步，移右足向甲襠中插襠前邁一步，同時右臂伸舒向下，肩隨甲之攦勁向甲胸部前靠，左手撫右肱內輔助之。此時，甲乙仍相對立，乙面視東北方。

甲以左手下按乙之左腕，右手按乙之左肘尖下採。同時左足由乙之右足外移至乙之襠中。

乙隨甲之採勁右④腿向西南方後撤作騎馬式，左臂平屈，右手撫甲之左腕，右臂屈肘，用下膊骨中處向西南方斜握甲之左臂。

甲趁勢右足前出一步，移左足向乙襠中插襠前邁一步，同時左臂伸舒向下，肩隨乙之握勁向乙胸部前靠，右手撫左肱內以輔助之。此時，甲乙仍相對立，甲面視東南方。

甲左臂欲上挑，乙即隨甲之挑勁左手作掌，向甲面部撲擊。右手按甲之左肩斜向下挒。

甲隨乙之挒勁撤左足向東北方邁，左手撫乙之左腕，右臂屈肘向東北斜握乙之左臂。

乙勢趁⑤上右步，移左足向甲襠中前邁。左臂隨甲之握勁用肩向甲胸部前靠，右手輔之，面視西北方。

甲以右手下按乙之右腕，左手按乙之右肘尖下採，同時右足由乙左足外移至乙襠中。

乙隨甲之勁採⑥，撤右足向東南方邁，右手撫甲之右腕，左臂屈肘，向東南斜攌甲之右臂。

甲趁勢上左步，移右足，向乙襠中前邁。右臂隨乙之攌勁用肩向乙胸部前靠，左手輔之，面視西南方。

甲右臂欲上挑，乙即隨甲之挑勁右手作掌，向甲面部撲擊。左手按甲之右肩斜向下挒。甲退左腿，雙手攌乙之右臂腕肘處，還右雙搭手式。

此為一度，可繼續為之，是謂四隅推手法。

【注釋】

①濟：本意是過河，渡過的意思，如「同舟共濟」「直掛雲帆濟滄海」等，由此引申為「彌補」之意。

②窮：本義是指在金錢或者物質上很貧乏，由此引申為「缺乏」之意。

③走：為「左」之誤。

④右：為「左」之誤。

⑤勢趁：為「趁勢」之誤。

⑥勁採：為「採勁」之誤。

大小太極解

天地為一大太極，人身為一小太極①。人身為太極之體，不可不練太極之拳。本有之靈②而重修③之，良有以也④。人身如機器，久不磨而生銹，生銹而氣血滯，多生流弊。故人欲鍛鍊身體者，必先練太極最相宜。太極練法，以心行氣，不用濁力⑤，純任自然。筋骨鮮折曲之苦，皮膚無磋磨之勞⑥。不用力何能有力？蓋太極練功，沉肩墜肘，氣沉丹田，氣能入丹田，為氣總機關⑦，由此分運四體百骸⑧，以氣周流全身，意到氣至，練到此地位，其力不可限量矣！此不用濁力，純以神⑨行，攻效著矣！先師云：「極柔軟，然後極堅剛」，蓋此意也。

【注釋】

按：此篇有傳為蔣發所著，始見於本《太極拳使用法》。

有拳家誤認為該篇是出自楊式太極拳老譜《三十二目》，如《楊氏太極拳三譜匯真》一書第一三八頁所說：「《楊式太極拳老譜》最早見於楊澄甫所著《太極拳使用法》（一九三一年），其中，載有老譜十六篇，沒有統一篇名，且分佈不集中。《大小太極解》在第七十六頁，《八門五步》等十五篇在第一一九～一二五頁。」而《楊式太極拳老譜》的目錄中（第一〇七頁），並無此篇名。

吳全佑所傳《楊式太極拳老譜》名為《太極法說》，李經梧所傳名為《太極拳秘宗》，其中目錄和內容亦無此篇。沈壽在《太極拳譜》中校記：「本篇見於『澄本』（即楊澄甫《太極拳使用法》）第七十六頁，未署何人所作。從語詞分析，當為晚近著作，有可能係楊澄甫口述，並由其門人筆錄，整理成篇。」

①天地為一大太極，人身為一小太極：天人之間同質同構，天道變化與人之性靈全息共振如出一轍。邵雍認為「有生天地之始者為太極，萬物之中各有始者，因此各有太極、兩儀、四象」之分，將人身與天地乾坤相比附，人體自有一太極。他在《擊壤集》中有詩云：「一物其來有一身，一身還有一乾坤。能知萬物備於我，肯把三才別立根。天向一中分體用，人於心上起經綸。天人焉有兩般意？道不虛行只在人。」「廓然心境大無倫，盡此規模有幾人？我心即天天即我，莫於微處起

經倫。」「我心即天天即我」這豪邁之語直言：天心、人心本同一體。物物各具太極之理，每一形體都有與天地同構的本體，世間萬物無一不是心本體的產物。「人身為一小太極」，只要返觀內照，求諸己心，就可把握宇宙運動規律。

②靈：人的精神意志。

③修：修身，改造身體。修心，改造心靈。

④良有以也：良，很、甚。以，所以、原因。指某種事情的產生是很有些原因的。

⑤濁力：濁，不清不淨之意，為「拙」之誤。後文「此不用濁力，純以神行」中的「濁」同此。

⑥筋骨鮮折曲之苦，皮膚無磋磨之勞：筋骨，筋肉和骨頭。鮮，少。折曲，彎曲、複雜、不順當。磋磨，擠軋摩擦。勞，辛勤。此兩句皆指習練諸如「排打」「揉摩」等硬功而言，如楊班侯所傳《五字經訣》中所說：「莫學拍打功，以免本能失。皮肉徒受苦，氣血多凝滯。」兩句意為：筋骨不會有不順當的習練所帶來的痛苦，皮膚也沒有因擠軋磨擦而勞頓。與《孟子・告子下》所說：「天將降大任於斯人也，必先苦其心志，勞其筋骨，餓其體膚，空乏其身」亦不同義。

⑦機關：秘密，關鍵。

⑧四體百骸：四體，指四肢，亦指整個身體、身軀。百骸，骸即骨骼，全身骨骼的泛稱，引申亦指人的全身。四體百骸，人體的各個部分。泛指全身。同「四肢百骸」。

⑨神：神寄於心，牽引心，給心以法則，使心認識本體。神就是宇宙萬物正常運行的法則。此處意為「心思」「精氣」「精神」，如《大戴禮記・曾子天圓》：「陽之精氣曰神。」

王宗岳原序

以心行氣，務令沉著，乃能收斂①入骨；以氣運身，務令順遂②，乃能便利從心。精神能提得起，則無遲重之虞③，所謂頂頭懸也；意氣④須換得靈，乃有圓活之趣⑤，所謂變動虛實也。發勁須沉著鬆淨，須⑥專主一方；立身須中正安舒，支撐八面。行氣如九曲珠，無往不利（氣遍身軀之謂）；運勁如百煉鋼，無堅不摧。形如搏兔之鵠⑦，神如捕鼠之貓。靜如山岳，動若江河。蓄勁如開弓，發勁如放箭。曲中求直，蓄而後發。力由脊發，步隨身換；收即是放⑧，斷而復連。往復須有摺疊，進退須有轉換。極柔軟，然後極堅剛；能呼吸，然後能靈活。氣以直養而無害，勁以曲蓄而有餘。心為令，氣為旗，腰為纛⑨。先求開展，後求緊湊，乃可臻於縝密⑩矣。

【注釋】

按：王宗岳原序為《十三勢行功心解》，該篇首見於陳微明著《太極拳術》（中華書局一九二五年版）。亦有稱《王宗岳先生行功論》或《打手要言》的。出於乾隆抄本《太極拳經》，相傳為王宗岳所著，大多亦列入武禹襄名下，至今尚有爭議。

《太極拳經》首見於姚馥春、姜容樵著《太極拳講義》（一九三〇年由南京、上海兩地同時出版。南京版插圖為手繪，上海版插圖為姚馥春、姜容樵拳照。山西科技出版社影印再版為南京版，臺北逸文武術文化有限公司影印再版為上海版）第十章《太極拳譜釋義》，內容依次為《歌訣一》《歌訣二》《歌訣三》《歌訣四》《歌訣五》《十三勢》《十三勢歌訣六》《二十字訣》《十三勢行功心解》《歌訣七》。其中，《十三勢歌訣六》即《十三勢歌》，它和《十三勢行功心解》《二十字訣》都在楊家有傳。

①收斂：歸總，會聚。

②順遂：順，適合，不彆扭。遂，順，如意。

③則無遲重之虞：則，就。遲重，遲鈍，不敏捷。虞，憂慮、憂患。此句意

為就不會有遲鈍而不敏捷的憂慮。

④意氣：意，意念，心意，意識。

⑤趣：興味，興趣。

⑥須：該字衍。

⑦鵠：音ㄏㄨˊ，天鵝。此字多有作「鶻」，音ㄏㄨˊ。鶻，隼也，屬鷹科，為大型猛禽。「鵠」與「鶻」同音，應為「鶻」之誤。

⑧收即是放：此句後漏「放即是收」。

⑨纛：音ㄉㄠˋ，古代軍隊裏的大旗。如許渾《中秋夕寄大樑劉尚書》：「柳營出號風生纛。」

⑩臻於縝密：臻，達到美好的境地。縝密，細緻，謹慎周密，如《禮記·聘義》：「縝密以栗，知也。」鄭玄注：「縝，致也。」

王宗岳原序解明

以心行氣，務令沈①著，乃能收斂入骨。

●平時用功，練十三勢用心使氣緩緩流行於骨外肉內之間，意為嚮導氣隨行。至於練拳姿勢要沈舒，心意要貴靜，心不靜不能沈著，不能沈著則氣不收入骨矣，即是外勁也。練太極拳能收斂入骨，此真正太極勁也。

【注釋】

①沈：通「沉」。後同，不另注。

以氣運身，務令順遂，乃①便利從心。

●同志想使氣運身流通，必得十三勢教正②無錯，方是先師所傳的拳，姿勢上下順遂，勁不矯揉，氣才能流通。如姿勢順遂，心中指揮手腳遂心矣。

【注釋】

①乃：乃能，此處漏「能」字。

②教正：斧正，雅正，指教，書面語，為指教改正之義。此處喻指「準確的身教言傳」。

精神能提得起，則無遲重之虞，所謂頂頭懸也。

●精神為一身之主，不但練拳，無論作何事，有精神，迅速必不遲慢，所以講拳必提精神為先。欲要提精神，頭容正直要頂勁，即泥丸宮①虛靈勁上升，此法悟通，就是提精神之法也。

【注釋】

①泥丸宮：泥丸，氣功術語，指腦或腦神。《黃帝內景經・至道章》：「腦神

精根字泥丸。」務成子注：「泥丸，腦之象也。」一說為上丹田異名，一說百會為泥丸。《紫清指玄集》：「頭有九宮，上應九天，中間一宮，謂之泥丸，亦曰黃庭、又曰崑崙、又名天谷，其名頗多。」

意氣須換得靈，乃有圓活之趣，所謂變化虛實也。

● 意氣即骨外肉內流動物也，至於練拳打手，想得言不出著一種的興趣來，必使流動物滿身能跑，意左即左，意右則右，就是太極有虛有實的一種的變化。意氣的換法，猶如半瓶水，左側則左蕩，右側則右蕩，能如是，不但得圓活之趣，更有手舞足蹈之樂。至此境地，若人阻我練拳，恐欲罷不能也，因知身體受無限之幸福矣。

發勁須沈著鬆淨，專主一方。

● 與人敵，先將敵治住，打他一個方向，即敵向歪捩[1]的那個方向；如發勁，無論一手，肩肘要沈下，心中要鬆淨，發勁專打敵一個方向，我勁不散，敵不難跌出丈外矣。

【注釋】

①歪扨：為杜撰之詞，此處意為「歪斜」。

立身須中正安舒，支撐八面。

●頭容正直，尾閭中正，身即不偏。心內要舒展，以靜待動之意。腰腿如立軸，膊手如臥輪，圓轉如意，方能當其八面。

行氣如九曲珠①。無微不到。

●九曲珠者，即一個珠內有九曲灣也。人身譬如珠，四體百骸無不灣也，能行氣四肢無有一處不到，行氣九曲珠功成矣。

【注釋】

①九曲珠：拳節、腕節、肘節、肩節、脊節、腰節、胯節、膝節、踝節被稱為人的「九曲珠」。太極拳的練習就是以內氣貫穿，將九大關節練得靈活圓潤，無微不到。此處用了《祖庭事苑》中孔子困於陳，利用螞蟻搬蜜的特性，將細線穿過一顆九曲珠細小曲折珠孔的典故。

運勁如百煉鋼。何①堅不摧②。

●運勁如百煉鋼，即內勁，非一日之功也，日月練習慢慢磨練出來的。猶如一塊荒鐵，日日錘煉，慢慢化出一種純鋼來，欲作刀劍其鋒利無比，無堅不摧。太極練出來細而有鋼之勁，即鐵人亦能打壞，何妨對敵者為血肉之軀乎。

【注釋】

①何：前文作「無」，同義。

②無堅不摧：形容力量非常強大，沒有什麼堅固的東西不能摧毀。何，什麼，疑問代詞。意為：有什麼堅固的東西不能摧毀呢？

形如搏兔之鶻。神如捕鼠之貓。

●鶻者飛禽也，鷹類也，冬獵用之。此言與人對敵，比仿我形式如鷹鶻，見物拿來，眼要吃住敵人，一搭手就可將敵擒到，即如鶻捕物之狀，此喻非罵人也，先師文字如此，不得不解之，望諸君勿疑焉。貓像虎形能捕鼠，等鼠伏身坐臥後腿，全身精神貫注鼠洞，如出猛捕之得鼠焉。此言太極有涵胸拔背之勢，如貓捕鼠之形，待機而發，敵得受用矣①。

【注釋】

①敵得受用矣：受用，即享受，得到好處。此句是上文所說「貓捕鼠」之招，用之於敵身的詼諧說法。

靜如山岳，動若江河。

●用功日久，腿下有根站立如山，人力不可搖動也。江河之喻言各種變化無窮，一手變五手，五手變百手，言其滔滔不絕，如江河之長也。

蓄勁如張弓①，發勁如放箭。

●蓄者藏也，太極勁不在外藏於內，如敵對手時，內勁如開弓不射之圓滿，猶皮球有氣充之，敵人伏我膊，雖綿軟而不能按下，使敵莫名其妙，敵心疑時，不知我弓上已有箭要發射矣，我如弓敵如箭②，出勁之速，敵如箭跌出矣。

【注釋】

①張弓：前文作「開弓」，同義。

②我如弓敵如箭：這是楊澄甫對「蓄勁如開弓，發勁如放箭」的詮釋，其意是：我蓄勁時如弓張滿月，發勁時，敵人像箭一樣被打出。不過，眾多拳家的詮釋為「發勁迅猛如箭」。

曲中求直，蓄而後發。
力由脊發，步隨身換。
收即是放，放即是收，斷而復連。

●此三說總而言之，解說容易明瞭，曲中求直即隨曲就伸之意。蓄而後發，力由脊發，收是放[1]，一理也。就是神如捕鼠之貓之理，一二語道盡，學家宜自得之。

【注釋】

①收是放：漏「即」字，應該為「收即是放」。

往復須有摺疊，進退須有轉換。

●與人對敵或來或往，摺疊即曲肘灣[1]肱之式，折背敵其身手，此係近身使用法，離遠無用，進退不要泥[2]一式，須有轉換，隨機變化也。

【注釋】

①灣：為「彎」之誤。

②泥：固執，死板，不變通。

極柔軟，而[1]後極堅剛；能呼吸，然後能靈活。

●練十三勢要用柔法，然後功成就生出柔中含藏內勁。呼吸者，蓋吸能提得人起，能使敵後足離地。再呼氣，力從脊內發出全身之勁，放得人遠出。呼吸靈通。身法然後才能靈活無滯。

【注釋】

①而：前文作「然」，同義。

氣以直養而無害，勁以曲蓄而有餘。

● 練太極是養氣之法，非運氣之工作也，何為運氣人？心急有力努氣練法，氣心聚一個地方，放出不易，恐與內有妨礙。何為養氣？孟子云：「我善養吾浩然之氣[1]」。不急不燥，先天氣生，靜心養性。練拳使內精氣神合一，行氣流通九曲珠，如未得到益，定無害也。與人敵不使膊伸直，能上下相隨，步隨身換，膊未直而力有餘，敵早跌出，就是勁以曲蓄而有餘。

【注釋】

①浩然之氣：浩，盛大、剛直的樣子。氣，指精神。指浩大剛正的精神。所

謂浩然之氣，就是剛正之氣，就是人間正氣，是大義大德造就的一身正氣。「浩然之氣」語出《孟子》:「（公孫丑問曰）敢問何謂浩然之氣？曰：難言也。其為氣也，至大至剛，以直養而無害，則塞於天地之間。」

心為令，氣為旗，腰為纛。

● 太極之理猶行軍戰事，必有令旗指揮驅使。練太極亦然，所以心為令，就是以心行氣，能使氣如旗，意之所至，氣即隨之而到，就是心如令氣如旗。腰為纛者，即軍中大纛旗也，小旗主動，大旗主靜。拳法腰可作車軸之轉，不能倒拗大纛旗也。

先求開展，後求緊湊，乃可臻於縝密矣。

● 開展大也，鬆其筋肉。初學練拳先求姿勢開大，謂能舒筋活血，容易轉弱為強。強而後，研究外能筋骨肉合一，內有精氣神相聚，謂之緊湊。內外兼修，加以動靜變化，自開展而及緊湊，身體強而使用全，可至臻密境矣。如說拳大練小練則誤矣①。

【注釋】

①如說拳大練小練則誤矣：初學練拳先求姿勢展開，「謂能舒筋活血，容易轉弱為強」為大練。「強壯」以後，「研究外能筋骨肉合一，內有精氣神相聚」，趨之「緊湊」，為小練。「開展」指外，「緊湊」言內。此句意為：如果說習拳有大練、小練兩種練法是錯誤的。從「開展」到「緊湊」，再至「縝密」，是習練太極拳者自初發悟到遞進有成的三個層次。

原　文①

又曰②：彼不動，己不動；彼微動，己先動。似鬆非鬆，將展未展，勁斷意不斷。

又曰：先在心，後在身。腹鬆，氣斂入骨。神舒體靜，刻刻在心。切記：一動無有不動，一靜無有不靜。牽動往來，氣貼背，斂入脊骨。內固精神，外示安逸。邁步如貓行，運勁如抽絲。全身意在精神，不在氣，在氣則滯。有氣者無力，無氣者純剛。氣如車輪，腰似車軸。

【注釋】

①原文：這篇拳譜較早出現在「微本」的《十三勢行功心解》最後段落中。有人認為這篇拳譜是武禹襄對王宗岳《太極拳論》中的練、用要點之解說，故名為《太極拳論要解》。依照沈壽所編著的《太極拳譜》所校，起首四句「彼不動，己

不動；彼微動，己先動」來自武禹襄的《太極拳解》，而整篇文字則出自武禹襄的《太極拳論要解》。

②又曰：在《太極拳論要解》中為「解曰」。後同，不另注。

又曰：先在心，後在身。

● 初學對敵，用心之專，恐不能勝①。練成之後，無須有心之變化，身受擊處自能應敵，心中不知，敵跌出矣②，即為不知手之舞之。初學在心，成功後在身。猶如初學珠算，心先念歌③手操之，後熟心，不歌手能如意，亦先在心後在手，拳理亦然。

【注釋】

①初學對敵……恐不能勝：專，集中在一件事上。三句意為：初學對敵搏擊訓練時，就算把技擊招數銘之於心，恐怕也不能制勝。

②練成之後……敵跌出矣：要先要釐清拳理，把招式的攻防運用練得嫻熟，那麼在臨陣時無須考慮怎樣應付，不論對方攻擊何處，自能形成條件反射而不加思

索，在得心應手、隨機應變中，將敵擊出。

③歌：指珠算口訣。

腹鬆淨[1]，氣斂入骨。

●腹雖注意猶鬆舒，不要鼓勁。氣練入骨，骨肉沉重矣。外如棉花，內似鋼條，猶如綿[2]花裹鐵之理。

【注釋】

①腹鬆淨：《廉讓堂太極拳譜》中有「腹內鬆淨氣騰然」，古文的「靜」也可以表示乾淨，故「鬆靜」與「鬆淨」字異而義同。

②綿：「棉」之誤。

刻刻在心。切記：一動無有不動，一靜無有不靜。

●刻刻時時也。謹記一動全身之動，不要一部分動，猶火車頭行動，諸車[1]隨動焉。太極動勁要整，雖整而又活焉，如行車無不動矣。身雖動心貴靜，如心一靜全身靜，雖靜又寓[2]動焉。如動要上下相隨至要。

【注釋】

①諸車：指火車頭帶動的各節車廂。

②寓：音ㄩˋ，同「寓廊」。後同，不另注。

牽動往來，氣貼背，斂入脊骨。內固精神，外示安逸。

●牽動往來，即手之無動。氣吸能入貼於脊背，蓄而待發。氣息能藏於脊骨，即有內固之精神。外表文雅安逸，雖練武而猶文也。

邁步如貓行，運勁如抽絲。

●太極拳步行走，如貓行之輕靈。練拳運勁，如抽絲之不斷。

全身意在精神，不在氣，在氣則滯。有氣者無力，無氣者純剛。

●人身有三寶，曰：精、氣、神。太極意在此，不在氣者，不在運氣之氣，在氣則滯。如運氣澎漲一部分，滯而不靈，有氣者無力。有濁氣者，自覺有力，敵覺我無力①。無氣者純剛，無有濁氣即生綿力，意想則力到。如搭手如皮條搭在敵膊，所以我未用力，敵覺我手重如泰山矣。不用直力則巧力生，無濁氣者為純剛。

【注釋】

①不在氣者……敵覺我無力：在道家氣功修煉學而言，「氣」分為「先天之氣」（在先天作「炁」）與「後天之氣」。先天之氣，即為內氣，為人的能量，亦為元精。先天之氣是人之根本，《黃帝內經》說，「先天之氣」，就是「元氣」，就是「腎氣」，「元氣」來源於腎中的先天之精，是人體生命活動的原動力，受水穀精氣不斷補充和培養。「後天之氣」，指呼吸之氣。此處「不在氣者」的「運氣之氣」當指後天之氣。「先天之氣宜穩，後天之氣宜順。」呼吸不順，就易「運氣澎漲」，因此「滯而不靈。有氣者無力」，此為「濁氣」。

氣如車輪，腰似車軸。

● 全身意氣如車輪流行，腰為一身之主宰，腰如車軸能圓轉，所以拳變化在腰間也。

又曰：彼不動，己不動；彼微動，己先動。

● 與敵對搭手自己不動，待對手一動之際，我手動之在先矣。

似鬆非鬆，將展未展，勁斷意不斷。

● 太極拳出手，說鬆亦不鬆，伸出亦未直為度。練拳可以不斷，有一定之姿勢，能以線串成，如講對敵使用無一定之姿勢發人出去，我之姿勢外形似有所斷，而我意未少懈也。猶如蓮藕拆斷內細絲不斷，以此譬喻容易明瞭，楊老師常言：「勁斷意不斷，藕斷絲連。」蓋此意也。

太極指明法

用勁不對，不用力[1]不對，綿而有剛對。丟不對，頂不對，不丟不頂對。沾不對，不沾不對，不即不離對。浮不對，重不對，輕靈鬆沈對。膽大不對，膽小不對，膽要壯而心要細對。打人不對，不打人不對，將敵治[2]心服對。

【注釋】

①力：為「勁」之誤。

②治：漏「得」，應為「治得」。

凡例

一、太極拳術已漸為無人所注重，而使用方法尚無專書表示①，實為缺憾。本書即本此意編著，形勢具備，願與海內人士共同研究之一。

一、太極拳使用之精巧，本非筆墨所能形容。本書三十七圖雖各圖皆說明其用法，但神而明之仍在乎其人。

一、說②中設為甲乙，甲為使用之人，乙為對敵之人，俾③易明瞭。

一、圖說後，凡關於太極拳之理論及源流等並附述之，俾便研究。但疏略無當④，自知不免，閱者諒之。

【注釋】

①太極拳術已漸為無人所注重，而使用方法尚無專書表示：「無」為「吾」之

誤。此二句與實際情況相符，據不完全統計：在一九一九年出版的《太極拳學》（孫祿堂）、一九二一年出版的《太極拳勢圖解》（許禹生）、一九二五年出版的《太極拳術》（陳微明）、一九二七年出版的《太極拳淺說》（徐致一）和一九三〇年出版的《太極拳圖說》（金周生）等太極拳著作的拳式分解中，均無太極拳「使用法」的論述。一九二九年出版的《國術太極拳》（吳圖南）和一九三〇年出版的《太極拳講義》（姜容樵、姚馥春）才開始在拳式分解中介紹使用方式。因為這兩本著作與《太極拳使用法》印製時間相近，而互不得知，故有「使用方法尚無專書表示」之言。

②說：為「圖」之誤。

③俾：使得，使之。

④疏略無當：疏，疏忽，粗疏。略，簡單，不詳細。無當，不恰當，不相稱。

王宗岳太極論

太極者，無極而生[1]，陰陽之母也。動之則分，靜之則合。無過不及，隨曲就伸。人剛我柔謂之「走」，我順人背謂之「黏[2]」。動急則急應，動緩則緩隨。雖變化萬端，而理為一貫[3]。由著熟而漸悟懂勁，由懂勁而階及神明。然非用力之久，不能豁然貫通焉！虛領頂勁[4]，氣沉丹田，不偏不倚，忽隱忽現。左重則左虛，右重則右杳。仰之則彌高，俯之則彌深。進之則愈長，退之則愈促。一羽不能加，蠅蟲不能落。人不知我，我獨知人。英雄所向無敵，蓋皆由此而及也！

斯技旁門甚多，雖勢有區別，概不外乎[5]壯欺弱，慢讓快耳！有力打無力，手慢讓手快，是[6]皆先天自然之能，非關學力而有也！察「四兩撥千斤」之句，顯非力勝；觀耄耋[7]能禦眾之形，快何能為?!

立如平準[8]，活似車輪。偏沉則隨，雙重則滯。每見數年純功，不能運化者，率皆自為人制，雙重之病未悟耳！

欲避此病，須知陰陽：黏即是走，走即是黏；陰不離陽，陽不離陰；陰陽相濟，方為懂勁。懂勁後愈練愈精，默識揣摩，漸至從心所欲。

本是「捨己從人」，多悟「捨近求遠」。所謂「差之毫釐，謬之千里」[9]，學者不可不詳辨焉！是為論[10]。

【注釋】

①無極而生：有抄本在此句後有「動靜之機」四字。沈壽《太極拳譜》說：「因較早見於許本（許禹生《太極拳勢圖解》），故有人疑為許禹生所增。」

②黏：在太極拳使用中，「沾」為「貼住」之意，「黏」為「纏鎖、控制」之意。

③理為一貫：有抄本作「理唯一貫」或「惟性一貫」。

④虛領頂勁：陳微明《太極拳術》中為「虛靈頂勁」。沈壽《太極拳譜》：

「當為陳微明所改。」領，引領。靈，靈活，其意不同。

⑤不外乎：不超出某種範圍以外，即「不過是」。

⑥是：有作「此」的，其意同。

⑦耄耋：音ㄇㄠˋㄉㄧㄝˊ，古指七十歲以上的老人，語出曹操《對酒歌》：「人耄耋，皆得以壽終。恩澤廣及草木昆蟲。」

⑧平準：平，平舒，不傾斜，無凹凸。此處僅為「平舒準確」之意。

⑨差之毫釐，謬之千里：語出《漢書・司馬遷傳》：「差以毫釐，謬以千里。」

⑩是為論：原抄本（萬本）和陳本在篇末有注：「此論句句切實，並無一字敷衍陪襯，非有夙慧，不能誤也。先師不肯妄傳，非獨擇人，亦恐妄費功夫耳。」

第一式　攬雀尾使用法

對敵圖

第一式　攬雀尾使用法

上手為甲，下手為乙，如二人對敵，乙執右拳直打甲之胸部，甲自乙右膊下抬起①，雙手繞外邊轉上，與乙膊靠接，以意運氣，往外推去。右足同時往前上一步，左足在後蹬勁，將乙打出。如圖是也。

掤攦擠按②由攬雀尾內變化，換勁化勁是也，後編推手法內寫明。

【注釋】

①甲自乙右膊下抬起：此句為「掤」式。膊，指靠近肩外側的部位，亦稱上臂，內側的部分為腋窩，此處不可能是被掤的部位。能被對方掤起的部位只能是肱（由肘到肩的部分）和前臂（由手腕到肘的部分）。在該三十七式使用法中，撰寫者「膊」「肱」「前臂」三者不分，皆稱「膊」，望讀者自行分辨，以明用法之意。後同，不另注。

②掤攦擠**按**：本段文字僅涉及「掤」「按」，而無「攦」「擠」用法之敘述。本書第一節至第四節中，則對攬雀尾的掤攦擠按使用法有較詳盡的介紹，此處忽略之。

第二式　單鞭使用法

如上式。攬雀尾將人打出，如甲身後又來一人，如乙自上輪拳太山壓頂[①]打來，甲遂速往左方轉身，左手托敵人的胸前，下部左足弓式，右足蹬為直線[②]，同時右手在後變為刁手，以作沉勁。此為單鞭開勁，左手迎敵將人打出。如圖是也。

第二式　單鞭使用法

【注釋】

①太山壓頂：太山，即泰山。《孟子・梁惠王上》：「挾太山以超北海，語人曰，『我不能』。是誠不能也。」泰山壓頂，比喻遭遇到極大的壓力和打擊。

②直線：在弓步時，前文描述後腳狀態均用「蹬勁」表示，此處其意仍為「蹬勁」或「直勁」解。

第三式　提手用法

拳之打法不一，如甲單鞭①式，如乙持左拳以直打來，甲含胸，雙手往一處合勁，敷②在乙左膊上，往前下方沉打，將乙打倒坐在地上，

第三式　提手用法

如圖。此即提手用法也，提手用法有二，提上打、沉下打皆可也③。

【注釋】

①縺：為「鞭」之誤。

②敷：依附，鋪展。

③提手用法有二……皆可也：「提手用法有二」呼應「拳之打法不一」。「提上打」即為「提手上勢」，而「沉下打」的架勢亦稱「提手下勢」，該體用在太極拳著述中少有披露。董英傑在《太極拳釋義》第十五式「提手上勢」的「功能」中寫道：「全身之勁合成一處，提手練法，雙手由上平合為合提手；如若雙手自單鞭式往下合勁，不作提手寓提上意，為提手寓上式。」其中的

「往下合勁」即為「沉下打」。

第四式　白鶴亮翅用法

第四式　白鶴亮翅用法

甲如提手式將人打出，如乙外功[1]甚大，手勁有練抓力[2]的，自上抓來。甲遂進身上步，閃過乙手。甲再往上，將右膊抬起，托乙肘處，身法再往上長，往外掤勁將乙打出，如白鶴亮翅是也。如乙或用左手或用右手來抓，皆可以白鶴亮翅應之。

【注釋】

①外功：以少林武功而言，外功指專練剛勁，如打馬鞍、鐵臂膊等法；內功則指專練柔勁，如易筋經、錘煉等法。

第五式　左摟膝拗步用法

是左手拿一鉛球或沙包，突然放下，用右手抓之；再右手突然放下，用左手抓之。如此反覆習練亦然。

②練抓力：外功之一，典型的練法

第五式　左摟膝拗步用法

甲如亮翅式。如乙右手自前斜方擊來，甲左手自外繞至乙膊前節，往下摟去。同時甲右手落下，向後轉繞至膀尖[1]齊，直往乙胸前拍[2]去，左足弓，右足在後蹬勁。如圖是也。

【注釋】

①膀尖：指肩與膊之間的部位，為

第六式　右摟膝拗步用法

肩峰前下方與肱骨大結節之間凹陷的肩髃穴處。

②拍：拍擊，用手掌打。

第六式　右摟膝拗步用法

如乙若用左手以直[①]打來，甲可以用右手摟住乙的左膊，甲左手繞自膀尖處，伸指掌拍乙胸前，要掌心去勁[②]。右足弓式，左足蹬勁，如右摟膝圖是也。

【注釋】

①直：直線，平直。

②掌心去勁：坐腕立掌，勁在掌心。

第七式　琵琶式用法

第七式　琵琶式用法

如左摟膝式。甲立①，敵人②如乙右手自右外方繞裏直打來，甲右手隨乙手繞直時，甲右手回勁扣粘乙裏手腕。同時甲左手招起，托乙的肘尖，甲指掌俱要伸開，手心用力，將乙膊托直，將乙的前足尖提起，使乙不得力也。甲右足坐實，左足為虛，式如圖是也。

【注釋】

①甲立：從前後文對照，此「甲立」應為「甲直立」之意。

②敵人：該用法篇既設甲、乙，則「敵人」兩字多餘。

第八式　搬攬錘用法

第八式　搬攬錘用法

如甲直立，若乙外力甚大，而且又快摹右拳打來①，力重千斤，將至臨近，甲速含蓄，身略往右邊側，乙拳已經打空，甲右拳速自乙右拳外方繞乙手腕上，沉勁，此為稱錘。雖小壓千斤，理在是也。甲左手同時將乙膊搬開，甲右拳不落，遂直擊乙身上。左足同時上步弓式，右足為直線，如搬攬錘圖是也。

【注釋】

①快摹右拳打來：摹，仿效之意，此處為誤。「快摹」應作「快速」，「快速」與「右拳」間缺一動詞「用」，此句意為快速用右拳打來。

按：此篇文字雜亂且交代模糊，尤以「搬」「攬」「捶」三法之用定義不清，令人費解。

在《太極拳體用全書》中的「進步搬攔捶」篇，為鄭曼青重校易稿，文字明瞭可讀。全文如下：

「由前式。設敵人用右手來擊，我即將左足微向左側分開，腰隨往左扐轉，左手即往後翻轉至左耳邊，手心向下，右手俯腕，隨轉至左脅間，握拳翻腕向右轉腰，右拳隨之旋轉至右脅下，此謂之搬。同時提起右腳側右踏實，鬆腰胯沉下，左手即從左額角旁側掌平向前擊，謂之攔。左足同時提起踏出一步，坐實，右足伸直，右手拳即隨腰腿一致向前打出。然此拳之妙用，全在化人擊來之右拳。先以我之右手腕，黏彼之右手腕，從左脅上搬至右脅下。其時。恐敵人抽臂換步，即將左手直前隨步追去，寓有開勁。攔其右手時，即速將我右拳，向敵胸前擊去，則敵不遑避，必為我所中。此拳之妙用，所以全在搬攔之合法也。」

第九式　如封似閉用法

第九式　如封似閉用法

如甲右手打乙，乙用左手封當，甲的左手自己右膊下邊往前比住乙左手腕①，甲右手速抽回，再去按乙左橫肘上，雙手按勁往前推去，左足在前作弓式，右足在後為直線，足跟不可欠起，其根在足，如封似閉之圖是也。

【注釋】

①甲的左手自己右膊下邊往前比住乙左手腕：十分拗口，而本書「如封似閉用法」中描述尚可：「我即將左手心緣我右肘外面向敵左手腕格去。」其意為甲

第十式　十字手用法

的左掌在自己的右肘下向前穿出，格封住乙的左手腕。

第十式　十字手用法

甲立，如乙雙拳打來，甲隨亦雙掌自下往上掤如十字①，架開乙雙手。如圖是也。

【注釋】

①上掤如十字：兩腕交叉成十字。

第十一式　抱虎歸山用法

甲立，如乙自右後方持拳直擊，

第十一式　抱虎歸山用法

甲隨轉趾①扭②腰，右手往後，如右摟膝，摟撥乙右膊，將乙身捌歪。同時隨起左手將乙拍倒。右足弓式，左足直線。如圖是也。又第二用法，如乙再還左手來擊，甲亦用左手應之，甲速再用右膊拗抱敵人之身腰擒起，猶如壯士捉虎歸山之勢，此二用法也。

【注釋】

①轉趾：此處實為「左腳內扣」之意。

②扭：此處為身體轉動之意。

第十二式　肘底錘用法

第十二式　肘底錘用法

甲按手式立，如乙拳法心詭計多，自甲左後方用右拳一打速往回就退，甲速向左方轉身進步，左手自乙[1]拳上繞下，伸進托乙的肘尖，隨用右拳打乙右脅。乙速退，甲速進三步才可打上。如圖是也。真用少易，不可泥影[2]。

【注釋】

①乙：「乙」後漏「右」字，應為「乙右拳」。

②真用少易，不可泥影：易，變通。泥，拘執，不變通。影，照片。兩句意為：真用此拳式時應稍有變通，不

第十三式　倒攆猴用法

要拘泥於這拳照中的樣式。

第十三式　倒攆猴用法

甲立，如乙用換拳法，左右拳先後直打，如右拳以直打來，右足進一步，隨後左拳打來，左足進步，此為「拉鑽錘進步法」。甲用倒攆猴破法，退左步，左手摟乙的右拳；退右步，右手摟乙的左拳，往後如法速退幾步。甲如用換式亦可，左手摟乙右拳時，甲進右拳換打乙胸，甲右手摟乙左拳，甲用左掌還擊，可將乙打退。如圖是也。

第十四式　斜飛式用法

第十四式　斜飛式用法

甲直立，如乙對敵①正面不能進，想換繞側面進打。甲隨繞時，即用右手如大鵬展翅，往斜上方掤去，自乙膊下至身時，左足用直勁，右足為弓式，左右手皆能用。如圖是也。

【注釋】

①敵：為「甲」之誤。

第十五式　海底針用法

第十五式　海底針用法

如乙手有力握甲右手腕，不能脫開，甲用海底針，身足往回縮勁，右手用力往下伸肱①直送下，乙手力無能為，海底針是也。

【注釋】

①肱：上臂，由肘到肩的部分。

第十六式　山通背用法

第十六式　山通背用法

甲如海底針式，乙打來，甲由下往上用右手托乙右手腕，甲左手由下向前直推去，手心向外，掌指向上推乙身。右身側面，左足同時進步弓式，右足為後直線。如圖是也。

第十七式　撇身捶用法

第十七式　撇身捶用法

如上式。乙自後面用右手打來，甲速向左轉趾過來，右拳自上落下，恰好壓在乙下膊上，甲隨伸左手就是一掌。如圖是也。

第十八式　抎手用法

第十八式　抎手用法

甲如騎馬式，乙自前面用右拳打來，甲用右手自左邊往右邊抎去。如乙用左手打來，甲用左手自右往左抎去，領進落空，乙力雖千斤，無所用矣。如圖是也。練法橫走，使法正面。

第十九式　高探馬用法

第十九式　高探馬用法

如乙伸出左拳，甲將左手自外繞至上邊，扣住乙左手腕處往回拉許①，甲右掌自外方伸打乙面。如圖是也。

【注釋】

①許：副詞，表示約略估計的數量，此處意為一點兒，不多，少許。

第二十式　分腳用法

第二十式　分腳用法

甲如高探馬式雙手攦乙左膊，飛起右腿用腳面踢乙腹上，雙手速鬆乙膊，將乙踢倒①。如用左分腳式，左邊亦用高探馬，起左腳而踢乙腹上，左右一樣可用。如圖是也。

【注釋】

①甲如高探馬式雙手攦乙左膊……將乙踢倒：為右分腳用法。

第二十一式　左轉身蹬腳用法

第二十一式　左轉身蹬腳用法

如乙自左後方來打，甲向左轉，抬左右手分開，甲抬起左腳往乙蹬去。如圖是也。

第二十二式　進步栽捶用法

如甲乙對敵時，乙抬腳踢甲的腿，甲進左步，右手捲拳①往下直打乙踢腿七寸骨②，打腳面亦可。左手注意備當③乙上邊手為要，甲左足弓式，右

第二十二式　進步栽捶用法

足在後。如圖是也。

【注釋】

①捲拳：捲，動詞含義是用對折半後再折半的辦法縮減幅度。可引申為連續滾動或旋轉。崔仲三《楊式太極拳體用圖解》中說：「右臂隨身體的轉動邊旋轉邊向前下弧線栽打。」

②七寸骨：即小腿骨，包括脛骨和腓骨，俗稱迎面骨或七寸骨，是小腿的主要負重骨。脛骨位於小腿內側，向內側和外側突出的部分，稱內側髁和外側髁，兩髁的上面各有一關節面與股骨相接。脛骨體的前緣銳利，直接位於皮下。又沒有肌肉包裹，是典型的「皮包骨」，當受到擊打時，非常容易導致骨

第二十三式　翻身蹬腳用法

折或挫傷。

③備當：備，防備，準備，如《孫子兵法・計篇》：「攻其無備，出其不意。」當，疑為「擋」之誤。

第二十三式　翻①身蹬腳用法

如乙自後方打來速退去，甲翻身見乙往回退，甲左腳先進一步，隨飛起右腳直踢乙胸前，甲手要分開。如圖是也。

【注釋】

①翻：反轉，傾倒，變動位置之意。

第二十四式　右轉身蹬腳用法

第二十四式　右轉身蹬腳用法

如甲坐伏式乙猛撲來，甲亦用雙手左右分開乙手，起右腳直踢乙腹上，如蹬人不可用勁。如圖是也。

注意：以上自分腳腿用時，每式總敘一句，每式雙手如翅飛稱①勁，腳須立好為必要。

【注釋】

①稱：為「撐」之誤。

第二十五式　雙風貫耳用法

第二十五式　雙風貫耳用法

如乙用雙拳自前打，甲隨涵胸起雙拳，由左右外方繞經上方，轉裏對打乙兩耳處，右足在前，左足在後。如圖是也。

第二十六式　左右打虎用法

第二十六式　左右打虎用法

如甲乙二人靠①右手時，甲左手扣住乙右手腕上按下，舉右拳要打乙項②，為右打虎式，右足弓式，左足蹬直。如甲右手扣住乙左手腕，甲舉左拳要打乙項，左足弓式，右足為直線，為左打虎式，此右圖是也。

【注釋】

①靠：此處意為倚著，挨近。

②項：指頸的後部，泛指脖子。

第二十七式　野馬分鬃用法

第二十七式　野馬分鬃用法

甲乙對立，如乙右拳打來，甲速進右步，乙拳未落之時，甲右手腕抬起掤乙膀根處①，往斜上方用勁，左足在後直線，左手隨左腿亦可，左手押②乙右掌亦可。如圖是也。如甲乙對立。乙起左手打來，甲亦用左腳進一步，乙手未落時，即抬左手掤乙膀根處，向上方掤去，右足蹬勁，將乙扔倒。

第二十八式　左邊玉女穿梭用法

【注釋】

①膀根處：指腋窩。

②押：抵押、拘留之意，此處為「壓」之誤。

第二十八式　左邊①玉女穿梭用法

如甲立，乙自右前斜方打拳②，甲速換式，當③左足向前一步，左手架乙膊，甲右掌對乙打去，右足在後蹬直。如圖是也。

【注釋】

①邊：此字衍。後同，不另注。

第二十九式　右玉女穿梭用法

②拳：為「來」之誤。
③當：應當、當機之意。

第二十九式 右玉女穿梭用法

如前式。乙自後方打來，甲向右方往後轉，右手掤上，與身同時轉過，接乙右肘下往上掤起，然後用左掌推乙脅上。右足弓式，左足蹬直。如圖是也。

穿梭四個有左右不多敘。

第三十式　單下式金雞獨立用法

第三十式
單下①式金雞獨立用法

如甲單鞭下式，乙自前打來，甲起身抬左手至前，往上托乙膊。右膝蓋隨手起時，曲膝②直頂乙小腹，左足立直微曲，如金雞獨立是也。起左手，起右手，均可隨人所作，或用腳，或用膝，勿拘。

【注釋】

①單下：「單鞭下式」之簡稱，此式為「右金雞獨立」。

②曲膝：應為「屈膝」，後同，不另注。

第三十一式　左金雞獨立用法

第三十一式　左邊金雞獨立用法

如上式。乙用左手以直打來，甲速換式金雞獨立，抬起左手曲直①隔開乙手，甲同時左腿抬至曲膝，用足尖踢乙小腹處，如左②邊立式圖也，使法與練法不同。

【注釋】

①曲直：此處意指「彎曲和平直」，曲，肘部呈九十度之狀。直，上臂與手腕保持平直狀。

②左：為「上」之誤。

第三十二式　迎面掌用法

第三十二式　迎面掌用法

甲如高探馬式，左手扣乙左手腕，如乙用力上挑，甲隨將前右手回按乙膊，往回領勁，使乙前伏①，同時左掌心向上②由元③處直掤④乙面門，左足前進半步，右足後為直線。如圖是也。

【注釋】

①伏：俯伏，趴下，此處應為「傾」之誤。

②上：為「前」之誤。

③元：為「原」之誤。

第三十三式　摟膝指襠錘用法

④捌：用力推，如《初刻拍案驚奇》：「那婦人將盤一捌，且不收拾。」

第三十三式 摟膝指襠錘用法

如甲立式，乙自前用拳直打，或用右足踢來，甲可用左手摟過膝外方，用右拳往前下方直打乙丹田氣海①處，此為指襠錘。如圖是也。

【注釋】

①氣海：經穴名，在身體前正中線上，肚臍正中下一·五寸。先四指併攏取臍下三寸（關元穴），中點既是氣海穴，亦稱「丹田」。

第三十四式　上步七星用法

第三十四式　上步七星用法

甲立式。乙用右手直打來，甲用左單鞭式在乙肱上往下沉。如乙回抽手時，甲隨時用右手自己肱下打出，為上步七星捶。

右足上步為虛式，左足為實。如圖是也。

第三十五式　退步跨虎用法

第三十五式　退步跨虎用法

甲如前式。

乙雙手自左右兩方一齊來打，甲將前右足抽回為實，左足虛式，甲同時亦將雙手左右分開，當①住乙雙手，此為開勁跨虎。如圖是也。

【注釋】

①當：為「擋」之誤。

第三十六式　轉腳擺蓮用法

第三十六式　轉腳擺蓮用法

如乙用左拳打來，甲用雙手右在前，左在後，按乙膊，用搬法往左邊採勁，甲同時飛右腿揚①打乙胸，左足千萬立實。如圖是也。

倘敵自後打，用轉身擺蓮腿亦好。

【注釋】

①揚：播散，散開，應為「掃」之誤。

第三十七式　彎弓射虎用法

第三十七式
彎弓射虎用法

如乙右掌打來勁大，甲隨用右手靠接住，同時左掌拂①乙右肘，可用提勁往右高處粘提，將乙足根領活，然後甲用按勁向斜下打去，此是提高之圖是也。

【注釋】

①拂：本義為輕輕擦過，此處有「扶」之意。

王宗岳遺論解明

太極用法秘訣

擥[1]，引[2]，鬆[3]，放[4]，敷[5]，蓋[6]，對[7]，吞[8]。

以上三十七圖皆使用要法，同志不可以為浮言[9]，雖然解明與人對敵時，亦許手法少易方向，不可泥撮[10]影。至於千變萬化隨機應敵之時，一手可變五手[11]。筆雖形容，同志須細心研究揣摸為要。蓋不離掤擺擠按採挒肘靠八法，進退顧盼定五行也。

【注釋】

按：太極用法秘訣前四字「擥、引、鬆、放」為李亦畬所提，篇題為「撒放秘訣」，初見於郝和傳抄本；後四字「敷、蓋、對、吞」為武禹襄所提，篇題為

「四字密訣」，據沈壽《太極拳譜》考釋：「亦畬於光緒七年（一八八一年）手訂的自存本，篇題全稱為《禹襄母舅太極拳四字不傳密訣》。」

有拳家認為，王宗岳提出的「沾連黏隨」是第一步，武禹襄提出的「敷蓋對吞」為第二步，李亦畬提出的「擎引鬆放」為第三步，並稱之為「推手三部曲」，甚為不妥。前輩所擬「太極用法」尚為散打實戰之秘訣，理解上僅限於「推手」，看法不免偏限。

①擎：原文為「擎起彼身借彼力（中有靈字）」。有作「擎起彼勁借彼力」或「擎開彼身借彼力」的。「擎起彼勁」中「勁」指「力量」，而「力量」不能被「擎」，只能被「引」。「擎開彼身」中「開」為「開啟」，欲「開彼身」，非左右對「撐」不可。此兩句中「勁」與「開」兩字與「擎」的對象無根本關聯，為誤傳誤抄所致。擎，本義為把物件向上托舉，在太極拳中之「擎」非拙力所為，須「借彼力」才能「擎」之。欲要「擎起彼身」，使其斷根，唯有「借彼」之「力」。能「借彼力」者，則為「靈」之動也。

②引：原文為「引到身前勁始蓄（中有斂字）」。引，源自古代圍棋術語，如徐去疾《圍棋入門》：「自遠應援圍中之子，使其乘機得出曰『引』。」由此可見，

「引」即為「引導」「引進」之意，在此的意思不同於「意引氣、氣引形」或「以意引氣」之「引」。在太極拳術中最具代表性的「引」之架式為「擺」，「擺」有「順其來勢力」的順引之意，即田兆麟所言：「人不動，而引其動，或人既動，而引其入於己之路線是也。」而「引」之要領是「含胸拔背，以蓄其勢」，意為「引」中有「蓄」。蓄，積聚，儲藏。「引到身前」的目的是為「擠發」，而「擠發」的條件則為「勁始蓄」後的「蓄而後發」。筆者以為，該句的重點恰恰不在於「引」字，而在於「蓄」字。斂，收起、聚合，此所謂「蓄勁如張弓」。在《周禮・夏官・繕人》篇中的「既射則斂之」，則是「蓄而待發」的最好詮釋。

③鬆：原文為「鬆開我勁勿使屈（中有靜字）」。鬆，即不緊之意。周身鬆開是太極拳體用之時的首要前提。意鬆體鬆，四肢百骸，五臟六腑皆鬆。鬆則沉，鬆則安舒、鬆則輕靈、鬆易蓄發、鬆易內剛。使，為讓之意。屈，此處同「曲」，彎曲，含有竭、詘屈、盤曲、窮盡之意。「鬆開我勁」並非把我之勁鬆開，勁鬆則不發。「勿使屈」意為別讓勁路盤曲而使之堵塞，堵塞則勁易斷。靜，安詳，嫻雅之意，此為「靜則鬆」也。

④放：原文為「放時腰腳認端的（中有整字）」。放，就是發勁。端，發端、

開端。端的，多見於早期白話。意為事情的根底、緣由。此句意為發勁時，要認識到根底在腳，從而「發於腿，主宰於腰，形於手指。由腳而腿而腰，總須完整一氣，乃能得機得勢」。此勁為「整」也。

⑤敷：本義為搽、塗，此處引申為「微貼」之意。葉大密釋此字如是說：「微貼敵身，聽彼動靜，以取先動之機。」此為「彼不動，己不動，彼微動，己先動」的安詳淨心功夫，如一怒一躁則敷聽皆失，恰如《淮南子・本經》中所說：「怒則動，動則手足不淨。」

⑥蓋：壓倒、超過之意，如成語「蓋世無雙」。可引申為勝過、超出。葉大密釋此字如是說：「蓋世無雙，有威脅敵人之意，似敵如鼠見貓，不得動彈。」「蓋」並非攜力勝之，而以天地之凜然正氣為要。

⑦對：對立，敵對，對付。此為「對付」之意，如《韓非子・初見秦》曰：「夫一人奮死可以對十，十可以對百。」王宗岳《太極拳論》所曰：「動急則急應，動緩則緩隨，雖變化萬端，而理為一貫。」「人不知我，我獨知人。英雄所向無敵。」則為太極拳對敵法之總要。

⑧吞：整個咽下去為「吞」，引申為吞併、消滅之意，如《廣雅》解：「吞，

滅也。」葉大密釋此字如是說：「氣吞山河，使敵時時在我掌握之中。」如辛棄疾《永遇樂·京口北固亭懷古》：「氣吞萬里如虎。」

⑨浮言：空乏浮華不切實際的語言。

⑩撮：為「攝」之誤。此句意為不可拘泥於拳照。

⑪一手可變五手：武術套路是經幾代武術家精心揣摩逐漸形成的成套武術動作，舊時稱「套子」或「套」，屬於習練「演法」，供習練者領會和參悟每個常態招式的體用含義。在實戰技擊上的應用卻是可以隨機應變的動態，往往一個招式透過靈活運用可以衍變出多種解數。句中之「五」並非實數，為多數之意。

太極者，無極而生，陰陽之母也。（注意實行解說[①]，非作文章也）

●不動為無極，已動為太極。空氣磨動而生太極，遂分陰陽，故練太極先講陰陽。而內包羅萬象，相生相剋由此而變化矣。太極本無極生，而陰陽之母也。

【注釋】

①實行解說：本篇名為「王宗岳遺論解明」，內容是對「王宗岳太極拳論」

的「實行解說」。有拳者錯以為「實行解說」者為楊澄甫口述，此誤認顯然是粗讀所致。本書署名者為楊澄甫，而編述者則為董英傑。解說中有如下文字：「吾師澄甫先生常言：『由己則滯，從人則活。』」即可說明「實行解說」為董英傑所撰。《太極拳釋義》中，該篇「解說」略經修改後也編入其中。

動之則分，靜之則合。

●練太極，心意一動則分發四肢，太極生兩儀、四象、八卦、九宮，即掤擺擠按採挒肘靠進退顧盼定，靜本還無極，心神合一，滿身空空洞洞，少有接觸即知。

無過不及，隨曲就伸。

●無論練拳對敵，無過不及，過逾也，不及未到也，過與不及皆失中心點。如敵來攻，順化為曲，曲者彎也。如敵攻未呈[①]欲退，我隨彼退時就伸，伸者，出手發勁也。過有頂之敝，不及為丟，不能隨曲為抗，不能就伸為之離，謹記「丟頂抗離」四字，如功能不即不離，方能隨手湊巧。

【注釋】

①呈：顯出，露出。

人剛我柔謂之「走」，我順人背謂之「黏」。

●比如二人對敵，人力剛直，我用柔軟之手搭上敵之剛直上，如皮鞭打物，然實實搭在他勁上，他相[①]捽開甚難，他交[②]就是膠皮帶纏住他，能放能長，如他用大力，我隨他手腕往後坐身，手同時不離往懷收轉半個圈，為之走化也。向他左方伸手，使敵身側不得力，我為順，人為背，黏他不能走脫矣。昔有一軼事，有不法和尚善頭者，與一人較[③]，人知其用羊抵頭之法無敵焉，甚懼，其人見和尚新剃頭，忽想一法，去屋用濕毛巾一條防焉，和尚施其法，此人用濕毛巾捽搭頭上往下一拉，和尚隨倒，是即以柔克剛之理也。

【注釋】

①相：為「想」之誤。

②交：為「走」之誤。

③較：本義是指對事物進行對比，以顯出異同或高低。此處指與人交手比試。

動急則急應，動緩則緩隨。

● 今同志知其柔化，不知急應之法，恐難與外功對敵。急快也，緩慢也。如敵來緩則柔化跟隨，此理皆明。如敵來甚速，柔化烏[1]能取哉？則用太極截勁之法，不後不先之理以應敵。何為截勁？如行兵埋伏，突出截擊之。何為不後不先？如敵手已發未到之際，我手截入敵膊未直之時，一發即去，此為迎頭痛擊。動急則急應，此非真傳不可。

【注釋】

①烏：作為副詞，指原因或理由，意為怎麼。

雖變化萬端，而理為一貫。

● 與人對敵，如推手或散手，無論何著數，有大圈、小圈、半個圈、陰陽之奧妙，步法之虛實，太極之陰陽魚，不丟頂之理，循環不息，變化不同，太極之理則一也。

由着熟而漸悟懂勁，由懂勁而階及神明。然非用力之久，不能豁然貫通焉！

●着者拳式也，今同志專悟懂勁，故不能發人。先學姿勢正確，次要熟練，漸學懂勁。古人云：不揣其本而齊其末，方寸之木，可使高於岑樓①。此句先求姿勢後悟懂勁，不難而及神明，神明言拳精巧，豁然貫通，即領悟得拳奧妙，能氣行如九曲珠，太極理通焉，非久練久熟，何能及此境耶。

【注釋】

①岑樓：即高樓，如《孟子・告子下》曰：「不揣其本而齊其末，方寸之木，可使高於岑樓。」朱熹《集注》：「岑樓，樓之高銳似山者。」

虛領頂勁，氣沉丹田，不偏不倚，

●頂者頭頂也，此處道家稱為泥丸宮，素呼天門。頂勁非用力上頂，要空虛要頭容正直，精神上提，不可氣貫於頂，練久眼目光明，無有頭痛之病。丹田在臍下寸餘即小腹處，一身元氣總聚此地位。行功如氣海發源，環流四肢。氣歸丹田身與氣不偏倚，如偏倚，猶磁①瓶盛水瓶歪倒，則水流出矣，丹田偏倚，則氣不能歸聚矣。此說法佛家稱舍利子②，道家為練③丹，如此練法氣壯多男，工④久外有柔軟筋骨，內有堅實腹臟，氣充足，百病不能侵矣。

【注釋】

①磁：為「瓷」之誤。

②舍利子：舍利為梵語音譯，是印度人死後身體的總稱。在佛教中，僧人死後所遺留的頭髮、骨骼、骨灰等，均稱為舍利。在火化後，所產生的結晶體，則稱為「舍利子」或「堅固子」。

③練：為「煉」之誤。

④工：為「功」之誤。

忽隱忽現，左重則左虛，右重則右杳①。

● 隱者藏也，現者露也。隱現之法，與人對敵，猶神明難測之妙。如敵來擊至我身，我身收束為忽隱，使敵不能施其力，如敵手往回抽時，我隨跟進為忽現，敵不知我式高低上下，無法敵當我手。練太極如河中小船，人步臨其上，必略偏忽隱，又裹步必隨起，忽現，猶龍之變化，能升能降，降則隱而藏形，現能飛升太虛興雲吐露。此理言太極能高低，隱現即忽有忽無之。說重者不動也，與人對敵不動可乎？如用拳必以身體活動，手腳靈捷，然後可以迎敵。敵如擊我左方，我身略偏虛，（使彼）無可逞。擊我右方，我右肩往後收縮，使其拳來無所着。我體靈活不可捉摸，即左重左虛，右重右杳。

【注釋】

①杳：本指遙遠而無盡頭，如蔡琰《胡笳十八拍》：「朝見長城兮路杳漫。」此處意指無影無形。

仰之則彌高，俯之則彌深。

●仰為上，俯為下，敵欲高攻，吾即因而高之而不可及，敵欲押吾下因而降，使敵失其重心。與己說，仰之彌高眼上看，心想將敵人擲上房屋；俯之彌深，想將敵人打入地內。

班侯先生有軼事，六月某日在村外（即北方收糧地方）場乘涼，突來一人拱手曰：「訪問班侯先生居處。」答：「吾即楊某也。」其人疾出大食中三指擊之，班侯師見場有草房七尺高，招手說：「朋友你上去。」遂將其擲上。又言：「請下能速回醫治。」鄉人問曰：「何能擲其上？」曰：「仰之彌高。」鄉人不解其說。北方有洛萬子從學焉，習數年欲試其技。班侯師曰：「將你擲出元寶式樣可乎？」萬笑曰：「略試之。」較手如言兩手兩腳朝天，右胯著下如元寶形，入地不能，將胯摔脫矣，醫好至今腿略顛跛。此人拳甚好，其人至今還在。常曰：「俯之彌深利害極矣。」

進之則愈長，退之則愈促。

●長者進也，促者迫也。與人對敵時，可進不可退。伸手長勁，我手愈進愈長，不進則短。我擊敵，敵退時我進身跟步，促迫敵不能逃也，敵不逃脫，我為順，敵為背，可能施其機。總言之，即「沾連黏隨」之意義矣。

一羽不能加，蠅蟲不能落。

●練功久，感覺靈敏，稍有接觸即知，獨如一鳥毛之輕，我亦不馱。蠅蟲之小，亦不能著落我身。即便著落琉璃瓶內，光滑不能立足，我以化力，將蠅足分磋矣，如此可謂太極之功成矣。昔班侯先生有一軼事，六月行功時，常臥樹蔭下休息，或有風吹一葉落身上，不能存留，隨脫流而落地下。自常試己功，解襟仰臥榻上，拈金米（即小米）少許置與[①]臍上，聽呼一聲，小米猶彈弓射彈一樣，飛射瓦屋頂相接。班侯先生之功可為及矣，同志宜為之。

人不知我，我獨知人。英雄所向無敵，蓋皆由此而及也！

●與人對敵，不出有一定架式，便敵無處入手。如諸葛用兵，或攻或守，敵莫能預測，諺云：「不知我葫蘆賣的是什麼藥。」敵不知我練太極有審敵之法，如搭手素熟懂勁，我手有靈動知覺，敵手稍動我早知來意，隨手湊巧②以發即出。如離遠用審敵法，以望即知其動作。兵法云：「知己知彼，百戰百勝。」英雄所向無敵，蓋③皆由此而及也。

【注釋】

①與：為「於」之誤。

②湊巧：湊，聚合。巧，靈巧。此為「聚合巧勁」之意。

③蓋：此處為「盡」之誤。

斯技旁門甚多，雖勢有區別，概不外乎壯欺弱，慢讓快耳。有力讓①無力，手慢讓手快，是皆先天自然之能。非關學力而有也！

●雖拳類繁多，各門姿式用法不同。總而言之，蓋注重手快力大則一也，此種說法，人生就有，非學得也。各拳著名人亦甚多，但未有太極之理之精微奧妙也。

【注釋】

①讓：為「打」之誤。

察「四兩撥千斤」之句，顯非力勝；

●聖人云：「以力服人者，非心服也。」①學藝能無力打有力，手慢勝手快，以巧治敵，能使人實地心服，亦不愧學藝之苦心矣。練太極能引進落空，雖千斤力無所用矣。能靈活才有落空之妙，能引進落空，四兩撥千斤之妙得矣。

昔有一軼事：京西有富翁莊宅如城，人稱為「小府張宅」，其人愛武家，有鏢師三十餘人，性且好學。聞廣平府楊祿禪名著，托友武祿青者往聘，及請至。張見其人瘦小，身未五尺，面目忠厚，身衣布衣，遂招待，其禮不恭，宴亦不盛。祿禪先師會意，遂自酌自飲，不顧其他。張不悅曰：「常聞武哥哥談先生盛名，不知太極能打人乎？」祿禪知謙不成，遂曰：「有三種人不可打。」張問：「何為三種？」答曰：「銅鑄的、鐵打的、木作的，此三種人不容易打，其外無論。」張曰：「敝舍卅餘人冠者劉教師，力能舉五百斤與戲可乎？」答曰：「無妨一試。」劉某來式猛如泰山，拳風颼聲。臨近，祿禪以右手引其落空，以左手拍之，其人跌出三丈外。張撫拳笑曰：「先生真神技矣。」遂使廚夫，從②新換滿漢盛宴，恭敬如師。劉力為牛，不巧安能敵手，由此知彼顯非力勝，之能為功也。

【注釋】

①聖人云……非心服也：聖人指孟子。語出《孟子・公孫丑上》，原文為：「以力服人者，非心服也，力不贍也；以德服人者，中心悅而誠服也。」

②從：為「重，音ㄔㄨㄥˊ」之誤。

觀耄耋能禦眾之形，快何能為!?

● 七八十歲為耄耋，能禦眾人，指練拳言。不練拳，即年壯，敵一二人難矣。

用功人自學拳日起，至老未脫功夫，日久筋骨內壯，氣血充足，故七八十歲能敵眾人。猶戰定軍山老黃忠言：「人老馬不老，馬老刀不老。」其言甚壯。練太極拳人老，精神不老，能敵多人，概此意也。

昔建侯[①]太師遺事：有日天雨初晴，院泥水中一小路，可容一人行，門生趙某立其間觀天，不知老先生自屋出，行趙後焉，欲為戲伸右膊輕輕押趙右肩上，趙某覺似大樑押肩，身灣[②]曲側坐，移出路，老先生笑而不言，行出。

又一日，足立院中言與眾捕為戲，有門生八九人齊擁上來，見老先生幾個轉身，眾人齊跌出，有丈餘的，亦有八九尺遠的。老先生年近八十，耄耋禦眾，非妄言也。快何能為？此快字言無著數之快，謂之忙亂，忙亂之快無所用矣，非快不好，快而有法然後可用矣。

【注釋】

①建侯：為「健侯」之誤。

②灣：為「彎」之誤。

立如平準，活似車輪。

●立如平準，即立身中立不偏，方能支撐八面。即乾、坤、坎、離、巽、震、兌、艮，即四正四斜方向也。活似車輪，言氣循環不息。古人云：「得其環中，以應無窮[①]。」腰如車軸，四肢如車輪，如腰不能作車軸，四肢不能轉動。自己想使車軸轉，可多澆油，腰軸油滿方好。同志細細體會，自得之，勿須教也。

【注釋】

①得其環中，以應無窮：環中，指圓環的中心。語出《莊子・齊物論》：「彼是莫得其偶，謂之道樞。樞始得其環中，以應無窮。」郭象注：「夫是非反覆，相尋無窮，故謂之環。環中，空矣；今以是非為環而得其中者，無是無非也。無是無非，故能應夫是非。是非無窮，故應亦無窮。」

偏沉則隨，雙重則滯。

●前說有車輪之比，猶如用一腳蹬輪偏，自然隨之而下。何為雙重？猶如右腳蹬上右方，左腳蹬上左方，兩力平均，自滯而不轉動，此理甚明，勿須細說。

每見數年純功，不能運化者，率皆自為人制，雙重之病未悟耳！

●最淺解說，同志得許多宜處。譬如有幾人練太極，日日用功五六年，與人較，反被敵制。同志問曰：「你用功五六年，可為純工矣，何其不勝？請表演十三式觀之。」見其練法，騎馬坐襠握拳，怒[1]目咬牙，力大如牛，氣也未敢出，此為雙重練法。同志笑曰：「專駕未悟雙重之病耳。」又一人曰：「我不用力練五六年，為何連十歲頑童也打不倒？」同志請其演十三式，見其練法毫不著力，浮如鵝毛，手足未敢伸，眼亦未敢開大。同志笑曰：「尊駕為雙浮誤矣，雙浮亦為病。」眾笑曰：「卻實練法何能得之？」

欲避此病，

●雙重雙浮之病，欲避此病，現今易耳。有此拳書容易知之，此書閱法，先閱一遍，拳理甚多，不能一閱就全懂。日後可練十日拳，閱一日書，慢慢此書功效大著矣。如有一節悟明料難，可問高明老師可也。

須知陰陽：黏即是走，走即是黏；陰不離陽，陽不離陰；陰陽相濟，方為懂勁。

●陰陽即虛實。總而言之，黏連走化懂敵之來勁，前解甚多不必多敘。

懂勁後愈練愈精，默識揣摩，漸至從心所欲。

●能懂敵之來勁，加以日日習練，久熟之意。揣摩就是悟想老師教的使用法，極熟，出手心想即至，從心所欲得之矣。

本是「捨己從人」，

●與敵對手，知要隨人所動，不要自動。吾師澄甫先生常言：「由己則滯，從人則活。」能從人便得落空之妙。由己不能由己，能從人就能由己，此理極確實，極奧妙，同志功夫練不到此地位，恐不易知耳，此說極明顯。佛經云：我說牛頭有兩角，即明顯之意也。

多誤「捨近求遠」，所謂「差之釐毫，謬之千里」①，學者不可不詳辯焉！是為論。

●與敵對手，多是不用近，而用遠。靜以待動，機到即發為近。出手慌忙，上下尋處擊敵為遠。太極之巧，分寸之大，釐毫之小，所以不可差也。如差釐毫，如千里之遠，練拳對手同志不可不注意焉。此先師王宗岳傳太極拳之要論。

【注釋】

①恕：為「怒」之誤。

②差之釐毫，謬之千里：「釐毫」，即「毫釐」之意。「謬之千里」有作「謬以千里」的，語出《漢書•司馬遷傳》：「差以釐毫，謬以千里。」其意同。

論太極

審敵法

與人對敵，先觀其體格大小，如身體大必有莽力，我以巧應之。如其身體瘦小必巧，我以力攻之。此為遇弱者力取，遇強者智取。無論其人大小，如彼高式，我可以低式；如彼低式，我可以高式。此為高低陰陽之法也。

欲觀敵力之動作，先觀其眼目情形，次觀其身手。如敵想用打拳，先觀其肩尖必凸起，或觀其後撤。如敵欲用腳蹬，其身必先昃①。理之所在，以定情形，如能先知，何其不勝。如敵喜色交手，我以柔化之；如敵怒目突來，其心不善，我用力十分擊之，此為出乎爾者，反乎爾者。望敵無怨，練太極人先禮後兵。

與人對敵出乎②快慢不等，如敵手慢，我使沾連黏隨手；如敵手快亂打，我心要靜，膽要壯，觀其最後來近之手，我專注一方或左右化之而還擊。常言：「不慌不忙，順手牽羊。」為太極動急則急應，動緩則緩隨之理。

與人對敵，其法不一。如敵來近，上搭手下進步，走即黏，黏即走。如敵竄躍為能，不敢來近，我以十三式擇一式等之，不要遂其竄躍，如虎待鹿之理。敵為卦外③之行走，我為太極之中點④。我主靜穩也，敵主動燥⑤也，燥火上升而不能忍，十分鐘定來攻擊，此為相生相剋，敵不難而入內圈矣。

此太極生兩儀、四象、八卦，定而不可移也。

太極用功法有三，分天盤、人盤、地盤⑥。先練順，次練勁，後練巧。先開展，後緊湊。如此練法，然後可用矣。

此書解說許多笑談，以助同志習拳之精神。文字雖粗，拳理實傳。其談雖笑，其事卻然。非敢荒言以欺諸君也，同志按書練習得其道矣。

【注釋】

①昃：音ㄗㄜˋ，本義太陽偏西。此處當作「仄」，指側斜。

②乎：為「手」之誤。

③卦外：卦，是古代用來占卜的工具，它是象徵自然現象和人事變化的一套符號。卦外，指不在太極拳八法「掤、握、擠、按、採、挒、肘、靠」之內的戰法。

④太極之中點：指太極圖陰陽魚之中心點，為非陰非陽無極之狀。此處意指太極拳法五行中之「中定」。「中」為樞紐，「定」為意守，「守中」即為以靜待動之勢。

⑤燥：本義為乾燥，此處為「躁」之誤。躁，急躁、躁暴，如《素問・奇病論》曰：「身熱如炭，頸膺如格，人迎躁盛，喘息氣逆，此有餘也。」躁則怒，怒則亂，如《淮南子・本經》所曰：「怒則動，動則手足不靜。」

⑥天盤、人盤、地盤：為風水學中羅盤使用的專用語，在羅盤裏層刻有「二十四山向」的圓圈為地盤；在羅盤中間刻有「二十四山向」的圓圈為人盤；在羅盤外層刻有「二十四山向」的圓圈為天盤。此處用於太極拳三步用功法之習練，喻義「練順」「練勁」「練巧」。

評　論

有人言文武當老師，其傳必留一手不傳。我言之則不然，無論學文學武，有朋友學、有門生學兩說。為朋友久而能敬，為門生百年不忘師傳。無論文武為師，不盡心相授，是無天理。惟練武人以義氣當先，未盡所學，半途而廢，如說為師不肯盡授，留一手之說，此理甚怪。論太極不在外形之姿式，全在內理勁與氣耳，理通之後，自悟神而化之，可成全功。

（一）八門五步①

掤南、履西、擠東、按北、採西北、挒東南、肘東北、靠西南——方位。

坎、離、兌、震、巽、乾、坤、艮——八門。

方位八門，乃為陰陽顛倒之理②，週而復始，隨其所行也。總之，四正、四隅不可不知也。夫掤、履、擠、按是四正之手。採、挒、肘、靠是四隅之手。合隅、正之手，得門位之卦。以身分步，五行在意，支撐八面。

五行：進步火、退步水、左顧木、右盼金、定之方中土也。

夫進退為水、火之步，顧盼為金、木之步，以中土為樞紐之軸。懷藏八卦，腳趾[3]五行，手步八五，其數十三，出於自然，十三勢也，名之曰「八門五步」。

【注釋】

①八門五步：此篇出於《三十二目》第一目。

②陰陽顛倒之理：陰陽顛倒之理是太極拳行功之要點，是太極拳術進入楊祿禪時代後所形成的重要理論系統。詳見其後「太極陰陽顛倒解」。

③趾：指「腳指」，此處為「跐」之誤。跐，腳下滑動、移動之意。

（二）八門五步用功法[1]

八卦五行，是人生成固有之良[2]。必先明「知覺運動[3]」四字之跟由[4]。

知覺運動得之後，而後方能懂勁，由懂勁後，自能接及神明矣。然用功之初，要知「知覺運動」，雖固有之良，亦甚難得於我也⑤。

【注釋】

①八門五步用功法：此篇出於《三十二目》第二目。

②八卦五行，是人生成固有之良：「八卦」，我國古代的一套有象徵意義的符號。用「⚊」代表陽，用「⚋」代表陰，用三個這樣的符號，組成八種形式，叫做八卦。八卦的每一卦形又分別代表天、地、水、火、雷、山、風、澤。八卦互相搭配又得到六十四卦，用來象徵各種自然現象和人事現象。「五行」的「五」，指的是金、木、水、火、土五元素，或五氣；「行」則意味著運動、輪迴、作用。此句意為：八卦與五行體現的原理與現象，在人身上是固有的，先天存在的。良，此處意為人類不學而知的、不學而能的、先天具有的能力。」

③知覺運動：「知」即「領會」，「覺」即「感覺」，對客觀事物個別屬性的認識是感覺，對同一事物的各種感覺的結合，就形成了對這一物體的整體的認識，也就是知覺。知覺是直接作用於感覺器官的客觀物體在人腦中的反映。知覺運動，直接影響人的形體運動和心理運動。楊家秘譜《三十二目》多次強調知覺運動，強

調了太極拳體用活動中，「知覺」對心理運動、形體運動從感覺到認識的重要作用。

④跟由：當作「根由」，指緣故，來歷。楊振基《楊澄甫式太極拳》中的《太極拳老拳譜》影印件（以下稱《老拳譜》）中作「本有」。

⑤然用功之初……亦甚難得於我也：此句意為：在開始習練太極拳功夫的時候，就要在腦中對外界的客觀事物有一定的感覺和認知，儘管具有先天所賦予的一些判斷能力，也很難得到拳術中的奧妙之處。

沾黏連隨①

沾者，提上拔高之謂也；黏者，留戀繾綣②之謂也；連者，捨己無離之謂也；隨者，彼走此應之謂也。

要知人之知覺運動，非明沾、黏、連、隨不可③。斯沾、黏、連、隨之功夫，亦甚細矣④。

【注釋】

①沾黏連隨：此篇出於《三十二目》第四目。

②繾綣：音ㄑㄧㄢˇㄑㄩㄢˇ，此為糾纏縈繞、不離不散之意，如《詩‧大雅‧民勞》：「無縱詭隨，以謹繾綣。」馬瑞辰《通釋》：「繾綣即緊縈之別體。」高亨注：「繾綣，固結不解之意。」

③要知人之知覺運動……不可：沾、黏、連、隨，二水居士在《楊家太極拳老拳譜三十二目理論體系探賾》中有解曰：「沾，我之於人的主動知覺；黏，我之於人的被動知覺；連，人之於我的主動知覺；隨，我之於人的被動知覺。」兩句意為：想要知道對方的知覺運動，就非得搞懂沾、黏、連、隨的用法不可。

④斯……亦甚細矣：斯：這個，如《論語‧子罕》：「子在川上曰：逝者如斯夫，不捨晝夜。」亦，同樣；細，周密詳盡。兩句意為這沾、黏、連、隨的聽勁功夫，同樣是很縝密的招式呀。

頂匾丟抗①

頂者，出頭之謂也；匾者，不及之謂也；丟者，離開之謂也；抗者，太過之謂也。

要知於此四字之病，不但沾、黏、連、隨，斷亦不明知覺運動也②。初學對手，不可不知也，更不可不去知病。所難者，沾、黏、連、隨，而不許頂、匾、丟、抗。是所不易矣③。

【注釋】

①頂匾丟抗：此篇出於《三十二目》第五目。

②要知於此四字之病……斷亦不明知覺運動也：但，《老拳譜》中為「明」，此處為誤。亦，《老拳譜》中無此字。三句意為：要知道有頂、匾、丟、抗這些不合拳理的毛病，是不明白沾、黏、連、隨的用法所致，因此肯定也不明白知覺運動道理。

③初學對手……是所不易矣：知病，《老拳譜》中為「此病」，此處為誤。頂、匾、丟、抗，二水居士在《楊家太極拳老拳譜三十二目理論體系探賾》中有解曰：「頂，我之於人的過激反應；匾，我之於人的消極反應；丟，人之於我的消極反應；抗，人之於我的過激反應。」此句意為：初次習練與人交手，不可不明白這道理，更不能不去掉這毛病。難的是在運用沾、黏、連、隨時，又不許有頂、匾、丟、抗的毛病，這確實不容易。

對待無病①

頂、匾、丟、抗，失於對待也。所以為之病者，既失沾、黏、連、隨，何以獲知覺運動②？既不知己，焉能知人③？所謂對待者，不以頂、匾、丟、抗相對於人也，要以沾、黏、連、隨等待於人也④。能如是，不但無對待之病，知覺運動自然得矣。可以進於懂勁之功矣⑤。

【注釋】

①對待無病：此篇出於《三十二目》第六目。對待，雙方面相比較而存在，處於相對的情況。指對立或可以抗衡的事物，如蔡元培《三十五年來中國之新文化》：「從漢季到隋唐，與印度文化接觸，翻譯宣傳，與固有文化幾成對待。」

②頂、匾、丟、抗……何以獲知覺運動：有頂、匾、丟、抗的錯誤，就會在抗衡中失去中土。所以稱之為毛病，是已經丟失了沾、黏、連、隨的知人前提，又怎麼能感知知覺運動呢？

③既不知己，焉能知人：既然不能知己，又怎麼能夠知人呢？

④所謂對待者……等待於人也：所謂與對方較手，不能帶有頂、匾、丟、抗的毛病去抗衡，而是要以沾、黏、連、隨的方法去「聽」對方。

⑤能如是……可以進於懂勁之功矣：如果能這樣，不但沒有頂、匾、丟、抗的毛病，知覺運動也自然易於掌握，這樣就可以進入懂勁的功夫層面了。

對待用功法守中土①（俗名站樁）

定之方中足有根，先明四正進退身。掤攦擠按自四手，須費功夫得其真。身形腰頂皆可以，沾黏連隨意氣均。運動知覺來相應，神是君位骨肉臣。分明火候七十二②，天然乃武並乃文③。

【注釋】

①對待用功法守中土：此篇出於《三十二目》第七目。站樁，為練中定不動的無極狀態之功，可謂「得其環中，以應無窮」。

②火候七十二：七十二候，中國最早的結合天文、氣象、物候知識指導農事活動的曆法，源於黃河流域，完整記載出於西元前二世紀的《逸周書・時訓解》。

古人以五日為候，三候為一節氣，六氣為一時令，四個時令為一年。一年二十四節氣共七十二候。各候均以一個物候現象相應，亦對應人體之五臟六腑，每臟主氣運七十二日。明代羅洪先著《萬壽仙書》中的「四時坐功袪病圖訣」解說了節氣的陰陽臟腑所生之理，為二十四節氣坐功導引養生之術。此句說明太極拳與內修有著密切的聯繫。

③天然乃武並乃文：道家哲學用語，即生來就有的，自然生成形成的。如《三十二目》第十四目中曰：「文者，體也；武者，用也。」意為「修身為體，技擊為用」的文武之道，是太極拳自然形成的核心。

身形腰頂①

身形腰頂豈可無？缺一何必費功夫。腰頂窮研生不已，身形順我自伸舒②。捨此真理終何極？十年數載亦糊塗③。

【注釋】

①身形腰頂：此篇出於《三十二目》第八目。身形：「立身中正」；腰：「腰為

主宰」；頂：「虛領頂勁」。

②身形腰頂豈可無……：身形順我自伸舒：「立身中正」「腰為主宰」「虛領頂勁」怎麼可以沒有？缺少其中之一，又何必去練拳呢？「腰為主宰」和「虛領頂勁」的要求用一生的時間來研習也學不到盡頭。掌握了「立身中正」等身法要求，便能「活如車輪」，收放自如。

③捨此……糊塗：無視這些重要的習練要領，到頭來是會是怎樣的呢？就是十年數載過去，也不會明白太極拳的基本道理所在。

太極圈①

退圈容易進圈難，不離腰頂後與前。所難中土不離位，退易進難仔細研。此為動功非站定，倚身進退並比肩。能如水磨催急緩，雲龍風虎象周旋。要用天盤從此覓，久而久之出天然。

【注釋】

①太極圈：此篇出於《三十二目》第九目。

按：圈，圓也。如《淮南子·原道》：「天下為之圈。」宇宙間天體之運動，日月星辰無不以圓轉為存在規律，此即天道。

太極圈，太極圖形為圓，圓而環之為圈。在太極圖的圈內，抽象化地表達了陰陽輪轉、相反相成的萬物生成變化根源的哲理，以及展現了一種互相轉化、相對統一的形式美學哲理。

在太極拳中，離不開以守定環中為「中土」，從無極到有極而向圈外旋轉擴展的運動軌跡。《老拳譜》中《太極正功解》開篇便曰：「太極者，圓也。無論內外、上下、左右，不離此圓也。」

太極上下名天地①

四手上下分天地，採捌肘靠有由去②。
採天靠地③相應求，何患上下不既濟④？
若使捌肘習遠離，迷了乾坤遺嘆惜！
此說亦明天地盤⑤，進用肘捌歸人字。

隅手。

【注釋】

①太極上下名天地：此篇出於《三十二目》第十一目。內容皆指採挒肘靠之四

②有由去：《老拳譜》作「由有去」，意為「由著它去」。

③採天靠地：「採」為由上往下之勁，田兆麟在《太極拳刀劍杆散手合編》中曰：「往下沉採之謂也。」「靠」為由下往上之勁，董英傑在《太極拳釋義》中曰：「右膊向上往外反猛抖勁。」此謂之「採天靠地」也。

④既濟：既，已經。濟，成功。既濟，已經成功。《易經・六十四卦》第六十三卦：「水火既濟，既濟卦，為盛極將衰之意。坎為水，離為火，水火相交，水在火上，水勢滅火勢，大功告成。火在水上，即無濟。」因此需要辨別各物體的性質、條件等因素，使之各得其位，各具其所。

⑤天地盤：所謂天地盤，就是太極盤，又名天方圖。

按：天地盤是明代學者黃道周釋天論地、研究和講授易學數理的儀器，全部用花崗石砌成，正方形，分兩層，下為台基，上則每邊長三・七米，高〇・四二米。盤面每邊刻有一二八個小方格，一周五一二格，全盤共一六三八四格。在方格

間，由裏到外刻八個同心圓，以表示「天」，方格則表示「地」。

天地盤是按照地球與太陽、月球的相對運動所建立起來的一種運動模型，是天干、地支在運動中的混合體，它們相互包容，相互作用，直觀地反映了宇宙氣質變化和作用。

天地盤中沒有一個確定的人字盤存在，它的運動象徵著宇宙萬事萬物的自然運動，當然也包括了人類的運動。人類的各種運動，同樣與萬物的氣質運動產生對應，都可以在天地盤中找到相應的位置，或者叫氣數的對應，這就是所謂的「人字盤」。

八五十三勢長拳解①

自己用功，式式用成之後，合之為「長」。滔滔不斷，週而復始，所以名長拳也。不得有直勁，恐日久入于滑拳也，又恐落於硬拳也②，決不可失其綿軟。周身往復，精神意氣之本，用久自然貫通，無往不至，何堅不摧③也？

與人對待，四手當先，亦自八門五步而來。站[4]四手、四手碾磨、進退四手、中四手、上下四手、三才四手。由下乘長拳四手起，大開大展，練至緊湊，伸屈自由之功，則升之中上成[5]矣。雖棉有剛。

【注釋】

①八五十三勢長拳解：此篇出於《三十二目》第十六目。八五，八門五步。十三勢長拳，以八門五步為行拳核心的太極拳前稱。

②自己用功……又恐落於硬拳也：文字與《老拳譜》有較大出入，特錄《老拳譜》如下：「自己用功，一勢一式用成之後，合之為長。滔滔不斷，週而復始，所以名長拳也。萬不得有一定之架子，恐日久入於滑拳也，又恐落於硬拳也。」定之架子，指不動、不變的停頓之拳架。滑，指浮華不實。

③摧：《老拳譜》作「推」，為《老拳譜》誤抄。

④站：站立、立停。《老拳譜》為「跕」。跕，下墜之意。

⑤成：《老拳譜》亦作「成」，兩者均為「乘」之誤抄也。前文說習拳由「長拳四手起，大開大展」為「下乘」，「練至緊湊，伸屈自由之功」則可謂「中上乘」。

太極陰陽顛倒解①

陽：乾、天、日、火、離、放、出、發、對、開、臣、肉、用、氣、身、武、立命、方、呼、上、進、隅；

陰：坤、地、月、水、坎、卷、入、蓄、待、合、君、骨、體、理、心、文、盡性、圓、吸、下、退、正。

蓋顛倒之理，「水」、「火」二字詳之，則可明。如：火炎上、水潤下者，水能使火在下而用。水在上，則為顛倒。然非有法治之則不得矣！

譬如：水入鼎內，而置②火之上，鼎中之水，得火以燃之，不但水不能下潤，藉火氣，水必有溫時。火雖炎上，得鼎以隔之，是為有極之地，不使炎上，炎火無止息；亦不使潤下水永滲漏。此所謂水火既濟之理也，顛倒之理也。

若使任其火炎上，來水潤下，必至水火分為二③，則為水來濟也④。

故云：分而為二，合之為一之理也。故云：一而二、二而一，總斯[5]理為三，天、地、人也。

明此陰陽顛倒之理，則可與言道；知道不可須臾離，則可與言人；能以人弘道，知道不遠人，則可與言天地同體。上天，下地，人在其中矣。

苟能參天察地，與日月合其明，與五嶽、四瀆華朽，與四時之錯行，與草木並枯榮，明鬼神之吉凶，知人事（之）興衰，則可言乾坤為一大天地，人為一小天地也[6]。

天[7]如人之身心，致知格物[8]於天地之知能，則可言人之良知、良能。若思不失固有，其功用浩然正氣，直養無害，攸久無疆矣。

所謂人身生成一小天地者，天也、性也、地也、命也、人也、虛靈也、神也。若不明之者，烏能配天地為三乎？然非盡性立命[9]，窮神達化之功，胡為乎來哉[10]！

【注釋】

①太極陰陽顛倒解：此篇出於《三十二目》第十七目。

②置：擺放，《老拳譜》誤作「治」。

③必至水火分為二：《老拳譜》作「必至火水必分為二」。

④則為水來濟也：來，為「未」之誤。《老拳譜》作「則為火水未濟也」。

⑤斯：這個。

⑥苟能參天察地……人為一小天地也：苟，如果。參，領悟。察，知曉。此句意為如果能領悟知曉天地（所謂天地，即包括諸如日月、五嶽、四瀆、四時、草木、鬼神、人事等萬事萬物）的奧秘與道理，就可知天人合一的道理，乾坤（宇宙）為「一大天地」，人是宇宙的一部分，即「一小天地」。人的一切活動（心理的、形體的）都要與天地之理相契合，都要遵從天地運行的法則。

⑦天：為「夫」之誤。《老拳譜》作「夫」，為文言發語詞。

⑧致知格物：致知，達到完善的理解。格物，探究事物的道理糾正人的行為，語出《禮記・大學》：「欲誠其意者，先致其知。致知在格物，物格而後知

至。」格物致知，為儒家認識論方法論的重要概念。

⑨盡性立命：太極拳裏，性修神、命修氣、氣修形。修煉的目的是「窮理盡性以至於命」。窮理是窮盡天地間事物之理。盡性是完善人性到和天性相同。窮理是知其理，盡性是行其德，知和行合一就可以安身立命。

⑩胡為乎來哉：為什麼來呢？套用《蜀道難》「嗟爾遠道之人，胡為乎來哉」句式。表示不值得這樣做。

按：《王宗岳太極拳論》中開篇則曰：「動之則分，靜之則合」。「動之則分」就是分出陰陽，否則陰陽便不相既濟。要體現「動之則分」而為太極，陰陽顛倒就是方法。無論「動之則分」還是「靜之則合」，必須存在太極陰陽顛倒的理論。拳論中所說的「欲左先右、欲右先左；逢左必右、逢右必左」就是陰陽顛倒之理。

陰陽顛倒之理源自《黃帝外經》中的「陰陽顛倒篇」：「岐伯曰：乾坤之道，不外男女，男女之道，不外陰陽，陰陽之道，不外順逆，順則生，逆則死也。陰陽之原，即顛倒之術也。世人皆順生，不知順之有死；皆逆死，不知逆之有生，故未老先衰矣。」陰陽之道，講順逆、生死變化。只知順生、逆死；不知順中有死，逆中有生，這就叫不知「顛倒之術」。擴而廣之，老子講的「福兮，禍之所依；

禍兮，福之所伏」；儒家講的「生於憂患，死於安樂」；兵家講的「置之死地而後生」，等等，都是「陰陽顛倒」之理。

古代說的「陰陽」，涵蓋了今天所說的「矛盾」。《易傳》中說：「一陰一陽之謂道」，事無巨細，物無大小，包括生死、順逆、進退、升降、成敗、禍福等所有事物，都存在於陰陽這種既統一又對立的矛盾變化之中。「陰極而陽，陽極而陰。」古人說：「成敗之機，間不容髮。」張紫陽在《悟真篇》中寫道：「有人悟此生殺機，轉眼之間災變福。」如果你覺悟不到這種「生殺之機」「成敗之機」，不會運用「顛倒之術」，那麼最終就是「一失足成千古恨」。所以說，不但在太極拳中要講究「顛倒之術」，做人、做事以至治國安邦，都離不開運用物極必反的「顛倒之理」。

太極分文武三成解①

蓋言道者，非自修身無由得也②。然又分為三乘之修法。乘者，成也。上乘，即大成也；下乘，即小成也；中乘，即誠之者成也③。法分三修，成功一也。

文修於內，武修於外。體育內也，武事外也。其修法內外、表裏成功集大成，即上乘也。由體育之文而得武事之武，或由武事之武而得體育之文，即中乘也。若唯獨知體育之不知武事而成④，或專武事不為體育而成者，即小乘也。

【注釋】

①太極分文武三成解：此篇出於《三十二目》第十九目。

②蓋言道者，非自修身無由得也：蓋，發語詞，聞，聽說之意。道者，得道的人。修身是指修養身心，具體行為表現在日常生活中就是擇善而從，博學於文，並約之以禮。此處意指太極拳的習修。兩句意為：聽說得太極之道的人，不經過自我修煉是無法成功的。

③即誠之者成也：誠，真心實意，如《禮記·中庸》所曰：「誠者天之道也，誠之者人之道也。」所謂「誠者自成也」。

④若唯獨知體育之不知武事而成：《老拳譜》中此句為「然獨知體育，不入武事而成者」。

太極輕重浮沈解[1]

雙重為病，干[2]於填實，與沈不同也。雙沈不為病，自爾騰虛[3]，與重不一[4]也。

雙浮為病，祗如漂渺[5]，與輕不例[6]也。雙輕不為病，天然清靈，與浮不等[7]也。

半輕半重不為病，偏輕偏重為病。半者，半有著落也，所以不為病。偏者，偏無著落也，所以為病。偏無著落，必失方圓；半有著落，豈出方圓？

半浮半沈為病，失於不及也；偏浮偏沈失於太過也。

半重偏重，滯而不正也；半輕偏輕，靈而不圓也。

半沈偏沈，虛而不正也；半浮偏浮，茫而不圓也。

夫雙輕不近於浮，則為輕靈；雙沈不近於重，則為離虛，故曰：上手。輕重半有著落，則為平手。除此三者之外，皆為病手。

蓋內之虛靈不昧，能治⑧於外⑨之清明，流行乎肢體也。若不窮研輕重、浮沈之手，徒勞掘井不及泉之歎耳！然有方圓四正之手，表裏精粗無不到，則已極大成，又何云四隅出方圓矣！所謂方而圓、圓而方，超乎象外，得其寰中之上手也。

【注釋】

①太極輕重浮沈解：此篇出於《三十二目》第二十二目。本篇中之「沈」，《老拳譜》中作「沉」，兩字同為「下落」之意。

②干：為「失」之誤。

③騰虛：騰，跳躍奔騰。虛，虛空。

④一：《老拳譜》作「易」。

⑤祇如漂渺：祇，疑為「祇」之誤。祇，「只」的繁體字。漂渺，同「縹緲」，隱隱約約，若有若無之狀。

⑥與輕不例：例，依據。意為與輕的概念是不一樣的。

⑦與浮不等：與輕浮也不能等同而言。

⑧治：《老拳譜》作「致」。

⑨外：《老拳譜》作「外氣」。

太極血氣根本解①

血為營，氣為衛②。血流行於肉、膜③、胳④，氣流行於骨、筋⑤、脈⑥。筋⑦為骨之餘，髮、毛為血之餘。血旺則髮、毛盛，氣足則筋壯。故血氣之勇力，出於骨、毛、皮之外壯；氣血之體用，出於肉、筋之內壯。氣以血之盈虛，血以氣之消長。消長盈虛，週而復始，終身用之不能盡者矣！

【注釋】

①太極血氣根本解：此篇出於《三十二目》第二十六目。

②血為營，氣為衛：營，此處不作營氣解。血為軍營，氣為護衛，如《靈樞・本臟篇》所云：「人之血氣精神者，所以奉生而周於性命者也。」

③膜：皮肉、筋骨、臟腑間的膜狀組織，如《素問・舉痛論》有曰：「脾與胃有膜相連耳。」

④胳：《老拳譜》亦作「胳」，同為「絡」之誤。絡，中醫指人體內氣血運行通路的旁支或小支。

⑤筋：「筋」這個詞，不是現代解剖學中獨立的一類術語概念。中醫認為的「筋」實際上包括了現代醫學的肌肉、肌腱、韌帶、筋膜、腱鞘、滑囊、關節囊、神經和血管，甚至關節軟骨、關節盂緣等，如《靈樞．九針十二原》所曰：「皮、肉、筋、脈，各有所處。」

⑥脈：表示身體裏的一種支脈，本義指血管，中醫裏表示人體氣血運行的管道，如《黃帝內經》中有「骨為幹、脈為營、筋為剛、肉為牆」之說。

⑦筋：《老拳譜》作「筋甲」。本節其後二處「筋」字亦同此。

太極尺寸分毫解①

功夫先練開展，後煉緊湊。開展成而得之，才講緊湊；緊湊得成，才講尺、寸、分、毫。

由尺進之功成，而後能寸進、分進、毫進②。此所謂尺、寸、分、毫之理也。

明矣。然尺必十寸，寸必十分，分必十毫，其數在焉！故云：對待者，數也。知其數，則能得尺寸分毫也。要知其數，必秘授，而能量之③。分毫內即有點穴功也。

【注釋】

①太極尺寸分毫解：此篇出於《三十二目》第二十八目。

②由尺進之功成，而後能寸進、分進、毫進：進，入，走入（一個階段或一種境界）。句中四個「進」字，《老拳譜》作「住」。住，動詞補語，表示動作在某一狀態呈穩定狀。

③而能量之：《老拳譜》作「而能量之者哉」。句尾「分毫內即有點穴功也」之句，應為董英傑所注，《老拳譜》無。

太極槍

太極槍得傳歷史序

張真人三峰祖師，修道武當山，靜時打座①練神歸元，動則雲遊三山五岳。真人每日早時，至山頂極靜處，採取天地之精華靈氣，呼吸運用。有一日，真人忽見西方接雲，山靈霄峰，金光萬道，瑞氣千條，纏繞飛舞太虛，真人遂往視不見，遂落金光處尋找。有青溪洞，至洞口，內出兩條金蛇閃目來奔，真人將拂塵②一拂，金光遂落，視之，原來是二根長條槍，約長七尺五寸，像藤非藤，似木非木，其性刀劍不可傷，綿硬如意，內生寶光。進內細尋有書一卷，題曰：「太極粘黏槍，有緣傳世上，得了書中理，奧妙去推詳。」書中言辭皆詩詞歌賦，槍理奧妙，大概吾人不得而知，張祖師將字字拆開詳明，化為一式一式，人人均可從事習學。

太極粘黏十三槍、四散槍、粘黏四槍、擲捽搶四槍、纏槍一路。二人對練法。每式使用要法。

每槍變化若干式，後面皆一一詳明單練法。真人以為留傳世人，永久受用云。

【注釋】

①打座：座，為「坐」之誤。打坐是一種養生健身法。閉目盤膝而坐，調整氣息出入，手放在一定位置上，不想任何事情。打坐又叫「盤坐」「靜坐」，是道教中的一種基本修煉方式。在佛教中叫「禪坐」或「禪定」，是佛教禪宗之必修。

②拂塵：又稱塵拂、拂子、塵尾，是一種於手柄前端附上獸毛（如馬尾）或絲狀麻布的器物，一般用作掃除塵跡或驅趕蚊蠅之用。在道教文化中，拂塵是道士常用的器物，一些武術流派更以之為一種武器。

按：「太極粘黏十三槍」提法似應商榷，應該為「太極十三槍」，除「粘黏四槍」之外，另外九槍並非「粘黏」槍法。

太極十三槍，又稱「太極槍」或「十三槍」。此處「太極十三槍」為「太極紮杆」的「杆」之技法。「十三」為十三杆法字訣：開、合、發、崩、劈、點、紮、撥、撩、纏、帶、滑、截。楊家所傳太極紮杆十三法無習練套路，其杆技要領與武家十三杆基本一致。槍，去掉槍頭、槍纓即為「杆」。至於由「槍」而「杆」之演變，有說健侯之母恐怕健侯在教授習練中誤傷及人，而命拔去槍頭所為。其實，清廷如各代政權一樣，對民間習武多有禁忌，槍為武器，在禁習之列。楊祿禪、武禹襄等前輩為避槍為武器之嫌，而棄用槍頭，易「槍」為「杆」，為之沿襲。杆法沿用了槍法之基本技法，突出「粘（沾）連黏隨」「不丟不頂」的特色，成為太極拳獨有的對練器械。武禹襄、楊班侯、楊健侯、郝為真等前輩多以杆法名世。

《太極拳釋義》中總結十三槍為：

第一槍刺心、第二槍刺腿、第三槍刺膊、第四槍刺喉（以上為粘黏四槍）。

第一槍刺心、第二槍刺膀、第三槍刺足、第四槍刺面（以上為四散槍，總上八槍為體）。

第一槍採槍、第二槍挒槍、第三槍扔槍、第四槍鏟槍（以上四槍為用）。

第十三槍為纏槍（即如司令，萬法可用）。

太極散槍名稱

第一槍　怪蟒鑽窩
第二槍　仙鶴搖頭
第三槍　鷂子擒雀
第四槍　燕子穿簾

太極散槍解

第一槍　分心就刺似怪蟒
第二槍　仙鶴搖頭斜刺膀
第三槍　鷂子捕雀刺足式
第四槍　飛燕投巢刺面上

第一圖

第一圖說明

甲起式，面向東直立，如「撒網式」。雙手提槍，左手在前，右手在後，槍形斜向下左方。對手時，要提起全身精神，虛靈頂勁，氣沉丹田，遂將槍雙手抬平，以意運氣，向敵人心窩刺去，雙手伸至將直未直為標準，兩足亦然，身向東南斜對。如圖是也。

乙初起式，面向西直立，如甲式一樣。甲槍來至腹近時，乙遂將槍尖略向西北上方斜起，右足略退半步，槍隨身望回抽。

第二圖

第二圖說明

甲隨乙槍往回抽時，甲同時隨乙槍底下繞半個太極圈，直刺乙膀，足同時往前邁步，不可散亂身法。

乙即速往回退步，左榜①往外扭，身法蓄勁，槍尖向西南上方斜直往外撥去，躲過槍鋒。如圖是也。

【注釋】

①榜：為「膀」之誤。

第三圖

第三圖說明

甲隨乙往外撥時，甲槍換式，由上方灣[1]刺乙足。如圖是也。

乙隨甲刺足時，速將足往回退步，乙槍隨甲槍往裏撥去，乙槍尖往下斜伸。如圖是也。

【注釋】

①灣：為「彎」之誤。

第四圖說明

甲槍隨時返刺乙面[1]，足往前上步，雙手一氣協助槍力。如圖是也。

第四圖

乙見甲槍刺來，乙步往回退步，身側蓄勁，雙手將槍尖斜立，向上方往回抽勁。如圖是也。

以上為散槍，甲刺完四槍，乙然後可上步還擊四槍。如甲②刺相同，甲換退步；如乙撥法一樣，為甲乙連環往復四散槍。

用法日久，槍力敏捷

你槍紮，我槍拉，你槍不動，我槍發。你槍來似箭，我槍撥如電。你槍金雞亂點頭，我槍撥草尋蛇也不善。

【注釋】

①甲槍隨時返刺乙面：「隨」與「時」

兩字間有漏字，全句應作「甲槍隨乙槍往裏撥時，返刺乙面」。

②甲：為「乙」之誤。

粘黏槍第一路說明

初起式。甲面東，乙面西。對立持槍式，與散槍「漁人撒網式」一樣。對槍時，與散槍刺法兩樣。亦得提起精神，此身法虛靈頂輕①，槍尖刺去，亦要輕靈敏活。然後設己槍從人槍。換式，我槍纏繞順式。接接續續②第一式，甲提槍進步刺胸部，第一式③，乙隨提槍粘連靠接甲槍，步④乙退一步，乙槍向上斜直，雙手持槍，隨身⑤步望⑥後粘黏抽勁。如圖是也。

【注釋】

①輕：為「勁」之誤。

②接接續續：「接續」重複，為衍字。接續，為「接……繼續」之意。

③第一式：此三字衍。

粘黏槍第一路

④步：此字衍。

⑤身：為「撤」之誤。

⑥望：介詞，向，對著，朝著。

按：粘黏槍四路與散槍四法類似，都是以刺為主的雙人攻防練習。「粘黏槍第一路說明」文法、遣詞過於零亂，意不明晰，譯文如下。

初起勢，仍設甲面東、乙面西站立，各雙手持槍，如散槍起勢「漁人撒網式」架勢相同。對槍時，要提起精神，身法仍要虛靈頂勁。此槍法與散槍不同，槍尖刺去，輕盈靈活。然後設己槍從人槍。換式，我槍纏繞順式，接第一式繼續，甲先提槍，進步刺乙胸。乙見甲槍刺來，立刻提槍迎甲槍粘連靠接，同時向後撤步，槍

甲　乙

粘黏槍第二路

隨撤步斜直著粘黏抽勁，將甲槍撥開。

粘黏槍第二路說明

甲隨乙槍往回抽時，遂上步粘繞繞①，直刺乙腿上②。

乙見甲槍刺來，縮蓄身，退步，乙槍隨下連往外領去，槍不離開槍，勁要綿柔，才能粘隨，如上圖是也。兩槍形皆斜下方③。

【注釋】

①粘繞繞：衍一「繞」字，應作「粘繞」。

②上：為「部」之誤。

③斜下方：漏「向」字，應作「斜向

粘黏槍第三路

下方」。

粘黏槍第三路說明

甲隨乙往外領槍時，甲上步，槍上刺膀尖[1]，刀[2]要綿軟。如圖是也。

乙隨甲槍不離，退步，綿撥甲槍閃過，槍鋒落空[3]。如圖是也。乙槍鋒向上[4]。

【注釋】

①刺膀尖：漏「乙」字，應作「刺乙膀尖」。

②刀：為「槍」之誤。

③槍鋒落空：應作「使之槍鋒落空」

或「使甲槍鋒落空」。

④如圖……乙槍鋒向上：應作「乙槍鋒向上。如圖是也。」

粘黏槍第四路說明

甲槍自下轉裏，上步又刺咽喉，槍不離槍直刺。如圖是也。

乙隨甲槍不離一線，速退步側身，雙手往回，擴勁撥甲槍鋒落空。如圖是也。

以上用粘黏刺完，乙隨時不離，上步還擊四槍，一槍心，二槍腿，三槍膀，四槍咽喉。如甲一樣刺法，甲退步

粘黏槍第四路

太極採槍圖

如乙一樣走法。如前圖是也。

太極採槍①圖說明

初立②式。甲乙對立。左足在前，槍斜式。第一式：乙提槍直刺胸部③。甲見槍刺來時，速將槍如攦法望下採。身法要合勁，如中，可將乙的槍採落地下，此為採槍。如圖是也。

【注釋】

①採槍：主要是應付對方「刺胸」的防守反攻之法。

②立：為「對」之誤。

③胸部：前漏「甲」字，應作「甲胸部」。

太極捌槍圖

太極捌槍①圖說明

乙槍斜刺甲腿。甲隨時將槍斜下，左腿往前弓勁，右足用勁蹬直以助兩手，兩手以助槍勁勇猛，往外捌勁，可將乙槍脫手飛出五六丈遠。此為捌槍如圖是也。

【注釋】

①捌槍：主要是應付對方「刺腿」的防守反攻之法。

太極擲槍圖

太極擲槍①說明

乙槍直刺甲膀。甲槍招起靠接乙槍前手近處，身法往外托勁，兩足蹬勁，雙手向身前望外斜向上擲摔出去，可以連人帶槍擲出丈餘。此非身手一家、氣能鼓蕩、勁如湧泉，才可做到如圖是也。

【注釋】

①擲槍：主要是應付對方「刺肩」的防守反攻之法。

太極鏟槍圖

太極鏟槍①說明

乙槍直刺甲咽喉，甲遂將身略斜，雙手掤槍，向身前上方鏟擲，眼望上看，仰之彌高，亦要兩足蹬勁，可以將乙擲出往後退十幾步外。人重有百斤，如何能擲出丈餘？此非邪道迷信，功久自知，人人皆可練到，方信非說謊言也。

此四槍皆二人對手單練使用的要法子。甲乙無論先後，皆可一式一式單練，各不相連。以十二槍敘完，又有一路纏槍。

【注釋】

①鏟槍：主要是應付對方「刺喉」的防守反攻之法。

太極左右纏槍法

乙　　　　甲

乙為纏槍圖

甲　　　　乙

乙用纏槍圖

太極纏槍一路[1]說明

此槍更有輕靈奧妙，內有千變萬化，總歸一理，為纏槍。外人看至一路式[2]。不知裏藏八卦，內含五行。散槍內可用，粘黏槍亦可用，擲槍亦可用。知八卦五行十三槍，天盤地盤內裏藏。練法要自然，用法要輕靈。捨己從人能粘連，進退上下相貫串，不丟不離。纏繞之法如長江，目視曠野天無涯，腹內鬆淨如大海。手足相隨能進退，腰如車軸氣能盪。含胸拔背身內藏，以氣會意槍剛強。至柔又至剛，同志細思詳[3]。

如槍以意運氣練法，功久槍桿上如有電力相似。與敵相接，便知來意。不丟不頂，粘連走化，神妙至矣。

【注釋】

①纏槍一路：取沾（粘）、黏、連、隨之意，以不丟不離、輕靈纏繞為用，為千變萬化之總理。

②外人看至一路式：至，為「來只」之誤，全句應作「外人看來只一路式」。

③同志細思詳：《太極拳釋義》有曰：「……太極拳成功，各項兵器順心所欲。持兵器，接長兩手而已，其挑、撥、刺、砍、削、拖之勁，完全以打拳所得之內勁用之。其招架之靈感，亦在拳內求之。功夫純熟，可生千百眼、千百手。此非言大而誇也，讀者貫通後，當知所言非虛。」

祖師楊祿禪軼事

祖師楊儒[1]禪師，自得秘傳。心性和平，為人忠厚，家有餘資，與朋友疏財仗義。有一日，某姓朋友，求楊老師借用銀洋一百元以為度用，明年奉還。儒禪師故意戲曰：「如借我錢自得一許，你可雙手握我槍，將你挑上瓦房，你如占足不穩，你借無效。」某乃許，如法作去。祖師以意運氣將槍一抖，某姓起上瓦房。心內驚癡，立如木人，身形前俯式。祖師笑為扶梯，某姓遂下，曰：「其驚不少。」祖師笑曰：「故與戲耳。」遂付洋一百元，其人歡喜而去。

【注釋】

①儒：為「祿」之誤。後同，不另注。

楊健侯太師軼事

昔西安有達官季四者，嗜①技擊而好學。聞楊氏得武當秘傳，至京延先生②館其家。從學月餘，略窺拳法槍劍連用之妙，時以「靜勝柔克」之說為談，助先生之名因以益。著時，秦有王大力者，號紅店客，能舉五百斤，日行三百里，善大刀，好大槍，藝冠秦中，授徒五百餘。聞季之言意不信也，走求與先生較，先生謝曰：「王教師苦功積久，吾不如也。」王以先生為怯，固請之，且曰：「太極拳則久聞之矣，太極槍亦可用乎？」先生不獲③，已笑頷④之，乃俱取槍入院。王則力刺先生胸，先生側身攊之，王扣槍便按，仍蹈虛⑤。王抽槍回，先生乃乘其回勢，用鏟槍式震之。王不覺，己槍直如炷香，自傷其顏，仰跌六七步外。起謝曰：「今而後知先生之神力也。」盡棄其學而學焉，久而不怠。遇高明能學不嫉妒⑥，王亦不愧為豪傑矣。

【注釋】

①嗜：喜歡、愛好。

②先生：即楊健侯。

③獲：可能為「蘊」之誤，據上下句意，實當為「慍」。

④頷：點頭、頷首。

⑤仍蹈虛：句前漏主語「先生」，應作「先生仍蹈虛」。蹈：踩、踏。《尚書・君牙》：「心之憂危，若蹈虎尾。」

⑥妒：「嫉」的異體字。

單人用功法

同志好武，實符講求體育，適合衛生之旨。練習工夫①，宜每早晨日將出時，尋清淨地點，可得新鮮空氣，將濁氣②放出。然靜心息慮③，雙手持槍，東、西、南、北均可。左手在前，右手在後。兩足騎馬式。

第一式：右手以意會氣，將槍直掤[4]向前斜上方，前足作弓式。右腿直線，足根不可欠起。

第二式：將槍合勁抽回，往下扣。身法往下坐，提頂、懸襠，為太極之練勁。右手可以練二百式，然後換式，左手亦可練二百式。左右之力可以平均身體一樣發達。

又一練法

可以找一茂盛樹林內，每天練一次。

練法：騎馬式，雙手持槍，粘靠樹上，直去一百式，亦可上下刷勁一百式。左右皆可練習，不可用鋼[5]勁，可用粘勁，工久樹枝可以搖動。

【注釋】

①工夫：同「功夫」，泛指花費時間和精力後所獲得的某方面的造詣本領。語出晉・葛洪《抱朴子・遐覽》：「藝文不貴，徒消工夫。」

②濁氣：此處意為「污濁之氣」，如排出的矢氣，呼出的廢氣。

③息慮：消除雜念，如唐・呂岩《沁園春》詞：「不在勞神，不須苦行，息慮忘機合自然。」

④搠：紮、刺。

⑤鋼：為「剛」之誤。

單練、對練用功純熟，又變化各種秘法：

有三轉九花金雞亂點頭（身前後合勁）

遇敵必勝回馬槍（敗中取勝）

八步趕船追命連環槍（足尖點地）

撥草尋蛇槍（兩膀左右分勁）

紛紛瑞雪梨花槍（練此不易）

蛟龍擺尾掃地槍（左腿腕）

太上壓頂槍（此槍自上而下）

圓轉如意槍（從心所欲）

十三槍外變出八槍，用功日久自得之。

自上古三皇治世，歷代用武莫不以槍為先，故槍為長兵刃之祖，劍為短兵刃之祖。練劍不可不學槍，有銅槍、鐵槍，自古名稱甚多，長短不一，長有一丈餘的，八九尺的，惟太極槍長七尺五寸，今同志用七尺亦可。槍法忽上、忽下、忽收、忽放。出去如箭，收回如線。真有神出鬼沒之奇，仙人難測之妙。如槍活活潑潑，柔如長蛇飛舞時，能如梨花雪片紛飛，真我國國粹世傳之秘寶也。

槍分採、靠、去、攦、擲。

雜說

有人欲學拳，問我：「內功拳好？外功拳好？」我說：「自古武聖人所傳之拳皆好，全在得傳與否耳。」

又問曰：「武當拳好？少林拳好？」我說：「你願學武當練太極拳可也，你願學少林拳練少林拳可也，隨各人所好而學可也。」

有人問：「太極拳幾年學好？」我說：「同志練拳，不可以共論也。老師傳傳拳一樣傳法，各人性情不同，有一兩年學好的，有三五月學通的，亦有十年，二十年，不明白的。好拳不在身之高低，又不在年歲之大小，全在各人聰明耳。我學拳十有五年，常常願求學兩位老師也。①」

楊家傳出的太極拳為正宗。

學拳秘法

重拳重老師，真傳自得之。輕拳輕老師，毋須枉費力也。

祿禪師軼事

祿禪師在京時，有一會點穴拳者，聞名欲較，及試其技。祿禪師速抄其腕用抓筋法②，敵手不能伸指，又隨上提敵前足離地。師曰：「勿負能③，念你多年苦功，不然你骨肉斷矣。」其人深敬服。

⊙王宗岳先師傳浙東、河南。浙東早已失傳，河南陳家溝後傳楊祿禪繼，傳至今五十年以內，會太極拳者多是楊家傳的。又說，永年縣豈獨楊家耶。雖有好者，亦會授業於楊班侯門下十餘年矣。所以練太極拳，無出於楊老師右者也。

昔北京有一練貫腳壯者，踢鐵蹶功十二年，與班侯先生較。其人攻擊，上使拳打，下用腳踢。班侯先生戲其人，用左右倒攆猴化之。及無退處，班侯側身，先用高探馬以引其雙手，復用如封似閉，將敵跌出丈餘。其人起曰：「楊先生真神技矣。」

⊙說太極不能使用，前北京天下英雄所聚處，人稱班侯先生為「楊無敵」，如說不能擲人，蓋④功夫未到耳，勿說太極拳不能用也。

⊙不要懼牛力，如內功不能勝大力者，何必練拳？千斤落空，無所用矣。

董英傑傳拳秘法：練功、操練。

用太極要知：天時、地理、人和

天時法：對敵時，自己早不面東，中不面南，晚不面西，自己不對日光為是。

地理法：對敵先觀地形寬窄、高下，自己占底處相宜。

人和法：雖較，要客氣，不必失義氣。

謹防敵人虛愰⑤之手。

【注釋】

①我學拳……兩位老師也：董英傑生於一八九七年，「年幼讀書時，性好武」，曾隨師習練「十三勢」。一九一四年從師楊兆林，一九二六年從師楊澄甫，至一九二九年「編述」《太極拳使用法》時，正為期「學拳十有五年」。「兩位老師」即為楊兆林與楊澄甫。

②抓筋法：抓筋法是利用五個手指的抓勁，將對手身體某部位肌肉或筋脈抓拿起來，使其產生疼痛或失去反抗能力的一種擒拿技法。

③勿負能：不要仗恃武藝本事。

④蓋：作連詞，意為因為、由於。

⑤愰：古同「晃」，意為搖動、擺動。

太極分文武

太極能養身，不能打敵，文功也；能打人，不會養身，武功也。（軟太極法，方是真太極用法。）能教人養身，又能對敵，修養使用兼全，為文武完全太極。

⊙練太極有靜坐養神法，行動活血法。

⊙人之強弱，以氣血為主。楊老師的拳開展舒暢，最能舒筋活血，身體弱者，練楊老師的拳功效頂大。

⊙前幾十年，人人皆是輕武重文，若將讀書有半的功夫，移練武術，當可反弱為強。今國家提倡武術，人人從事體育，心開放了，以後定有不可限量武術①，大家從此注重武術了。

⊙有此太極拳書，即為證書，書皮裏可寫本人姓名，知是楊傳同志②。有此書者，楊老師無不盡力指導，一切歡悅教授。

今太極拳各樣子甚多，同志難以分清，敬告一法，可知無論何人傳的，能柔、能剛、能舒筋活血就對。還有一文武驗法，觀其兩膊皮膚甚軟，骨肉甚沉重就對，為文知法。論使用法，能用太極方法，姿式不亂，從從容容將人跌出就對，為武知法。若用力亂打，雖勝為僥倖，定非真傳，不足為法。同志容易辨認太極也。

太極拳有分筋挫骨之手、有點血③之手，有陰手、有陽手、有五行手、有入骨拳、有剁心捶、有服④虎肘、有貼山靠、有鴛鴦腿、有刀掌劍指、有刁拿手、有隔山打牛之能力。此非真打牛而言，皮膚無痛而內受傷矣。

太極為內家拳，俗稱內功拳，拳術門頂利害是內家拳。如同志學成功之後，千萬留一分善念，不可輕易用毒手打人，勿負先師遺教⑤也。

太極拳術盛行於國中，今之學拳者，莫不以練太極為最高。但所學各人目的不同，有鍛鍊身體者，無論何人教皆可；目的在學使用法，非高明者教不可。

練太極拳能轉弱為強，卻有反老還童之功。欲拳速成，謹忌煙、酒、色。宜有節，起居定時，各種損身嗜好不可多有。

傳拳始自武當、少林兩派，至今還是分門別戶的。同是少林侍[6]出，分百餘派。武當山傳出的，至今分派亦不少。若說合一，實所不能作到的。若就太極拳而論，概多數是楊祿禪師以後傳下來的，今竟分東派西派，各自讚美，初學人是難分清的，我亦說我的拳好，究竟那[7]個好？理想[8]知道各姿式不同，有說長力的，有說長巧的。無論如何，太極拳理不能兩說也。不得真傳，不知所以然也。

⊙學拳之法有二：作朋友年歲相當亦可學拳，拜老師亦可學拳，有恒心皆可學拳成功也。

⊙拳術教不教，全在學拳人，不在老師，略知言之。近人盛知太極好，有心想學，又恐老師不真傳，未入門先懼三分。老師雖欲傳，烏何能哉[9]？多學家半途而廢，同志只知咎其師不傳，不知問其自己不學，以為說老師不傳者戒。比仿劉備欲請孔明，未審肯出山否，初請，再請，三請，孔明欲不出，安得能乎⑩？以為學者法，願同志普及太極拳者慮。

⊙學一種好東西，是要費點精神的。

⊙看書得到易處，莫託言已能，⑪勿負作者苦心也。

【注釋】

①以後定有不可限量武術：意為以後武術發展趨勢必定不可限量。

②有此太極拳書……知是楊傳同志：證，此處指憑據，意為凡購買了《太極拳使用法》的，即為憑據，在扉頁上簽上自己的名字，就知道是喜歡習練楊澄甫太極拳的同道。

③血：為「穴」之誤。

④服：為「伏」之誤。

⑤先師遺教：即「養生為本，技擊為末」之主張。語出《張三豐太極拳論》：「不徒作技藝之末也。」

⑥侍：為「寺」之誤。

⑦那：為「哪」之誤。

⑧理想：此處用「美好願望」的狀態來理解。理，整理，使之有條理。想，思索，為梳理、思考之意。

⑨烏何能哉：烏，作文言疑問詞，哪、何、怎麼。哉，作文言語氣助詞，嗎、呢。

⑩安得能乎：安得，其意是怎麼才能求得，哪裏能夠得到。乎，文言助詞，表示疑問。四字意為：怎麼能夠得到呀？

⑪看書得到易處，莫託言己能：「託言」同「托言」。兩句意為：看《太極拳使用法》時，看到容易理解之處，就以為自己已經具備拳術之能力了。

楊老師傳拳很公開的，授人同是一樣教法，何以有優劣不等？蓋人人性質不同，聰明不同，授法悟通與否不同。蓋太極理甚深，非一日能懂，升階有級，老師授法，一疊一疊①來的，若未學到奧妙，半途而廢，若說老師不真傳，誠為謬說。日淺功淺，就說出金石之言，亦不懂的，慢慢繼續進學，莫有不教之理也。

楊老師有一日行樂，演使用法。與人王保還[2]搭手，用按法，將其人跌出三丈餘外，真有奇觀。老師之使用法，與敵人搭人，敵人足下如無根，即站立不定。看楊老師面貌極從容，手足極輕靈，只以抬手，敵跌出如射箭之速。楊老師的拳真妙極了，人人莫不敬服。

太極本為內家拳，如姿式正確，內理明白，即是太極拳。如姿式不正確，內理不明白，雖姿式類太極，與外家拳無異也。

自古之拳，定不傳得寶，[3]忘師之人，日後能不忘師傳，定得真傳，可無疑焉。

⊙練太極拳，學使用法為必要。同志欲鍛鍊身體者，亦必學使用法，如不學使用法，無趣味，多有半途而廢者，以致有阻身體強壯進步。如學會使用法，並非無故打人，可與朋友研究妙理，你打我化，我打你應，滔滔不絕，各種變化，生生不已。知道太極拳有無數變化，手舞足蹈之樂，日日幸

④趣增加，繼續不忘之樂，年年練習，身體由此而強壯。練身必學使用法，而況有心對敵乎？所以同志練太極拳，必定學使用法可也。

⊙練太極拳提倡武術

⊙練太極拳轉弱為強

⊙練太極拳發育體格

⊙練太極拳多活十年

⊙此書前十三式，七十八個姿式，九十四個練法圖。同志初學拳，按圖能以學拳，學會就懂的用法，此書好極了。

⊙此書後三十七圖，皆二人對敵實習法。

⊙同志練拳，無論武當、少林，成功後切不可目中無人，妄自高傲，常言人外有人，天外有天，能人背後有能人，理之當然也。

自古拳術一門不以錢財為重，要以義氣當先。與老師三五百元亦可，不與老師一文錢，老師一樣喜歡的，朋友之情始終如一。

三人同行，必有我師[5]；十室之邑，必有忠信[6]。學太極同志，皆我師也，朋友講論，全在自悟。有說一力強十會（有禮），我說一巧破千斤（不錯）[7]。

原譜與解說分佈書內，似乎次序紊亂，此次作書均分放在相當地點，學拳同志得意[8]處豈淺鮮哉，講義在前後，原不可拘也。

蓋聞欲得非常之寶者，必有非常之功用；求非常之功用，必有非常能識之人指導之[9]。昔有趙璧，無和氏不能知其寶。雖有千里馬，無伯樂誠難知其奇。天地之大，珍寶繁多，視物不能及師曠之聰，可不惜哉[10]？欲求寶者，至在目前，猶恐不視耳[11]。譬學體育者不學我國寶，化數千金而赴歐美者，豈不捨近求遠？然而不知國寶，勿怪之哉。余今為強國計，今為同志習體育計，欲得國寶，敬告諸君習太極拳是也。練太極拳身體與精神平均發大[12]，延年益壽，百功厲焉。而且防身又能對敵，此拳益處，筆難盡述，練後自得之。太極拳可稱非常之寶，非他拳之可共論也，願同志諒之。

【注釋】

①一疊一疊：疊，意為重複、累積，此處疑為誤用。

②王保還：楊澄甫傳弟子，見本書「張三豐先師傳拳譜」。履歷不詳。

③此處逗號為衍。

④幸：為「興」之誤。

⑤三人同行，必有我師：如三人同道，其中必有身懷長處的人可以作為我老師。語出《論語・述而》：「三人行，必有吾師焉。擇其善者而從之，其不善者而改之。」

⑥十室之邑，必有忠信：有十戶人家的地方，就一定有忠誠信實的人。指處處都有賢人。語出《論語・公冶長》：「十室之邑，必有忠信如丘者焉，不如丘之好學也。」

⑦有說一力強十會（有禮），我說一巧破千斤（不錯）：一力，一個力氣大的人。強，為「降」「制服」之意。十會，會家，十個懂武藝的人。意思是：一個力氣大的人，可以戰勝十個會武藝的人。語出清・石玉昆《三俠五義》第五十回：

「韓爺技藝雖強，吃虧了力軟；雷洪的本領不濟，便宜力大，所謂：一力降十會。」一巧破千斤，語出不詳，意同「以柔克剛」「四兩撥千斤」。

⑧意：為「益」之誤。

⑨蓋聞欲得非常之寶者……必有非常能識之人指導之：聽說希望得到不同尋常的寶貝，必定有不同尋常的功用；得到不同尋常的功用，一定要有不同尋常的有識之士來指點引導。

⑩視物不能及師曠之聰，可不惜哉：可不，為「不可」之誤。兩句意為：看東西不能看到老師曠達的聰睿，不可惜了？

⑪欲求寶者……猶恐不視耳：希望得到寶貝的人，就是寶貝放在眼前，恐怕也認不出來。

⑫發大：為臆造詞，疑為「增進」之誤。

No 00893

著者 楊澄甫
編述者 董英傑
發行者 神州國光社
印刷者 文光印務館
定價 實洋三元
中華民國二十年一月初版

導引養生功

全系列為彩色圖解附教學光碟

張廣德養生著作　每冊定價350元

輕鬆學武術

太極跤

彩色圖解太極武術

太極功夫扇

武當太極劍 49式

楊式太極劍 56式

楊式太極刀

二十四式太極拳

三十二式太極劍

四十二式太極劍

四十二式太極拳

楊氏二十八式太極拳

楊式太極拳

陳式太極拳

吳式太極拳

夕陽美
功夫扇56式

綜合四十八式太極拳

三十二式太極拳

楊氏三十七式太極拳

楊氏五十一式太極劍

楊家太極劍五十一式

楊家太極刀十三式

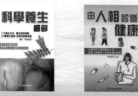

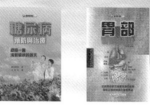

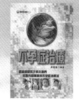

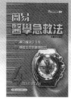

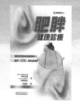

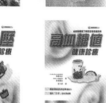

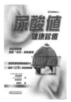

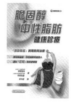

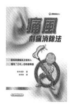

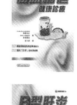

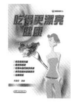

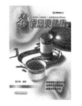

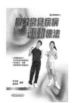

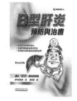

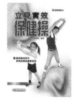

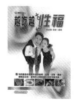

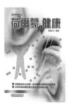

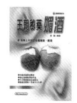

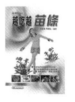

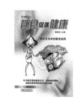

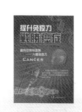

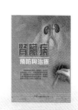

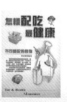

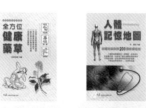

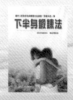

老拳譜新編

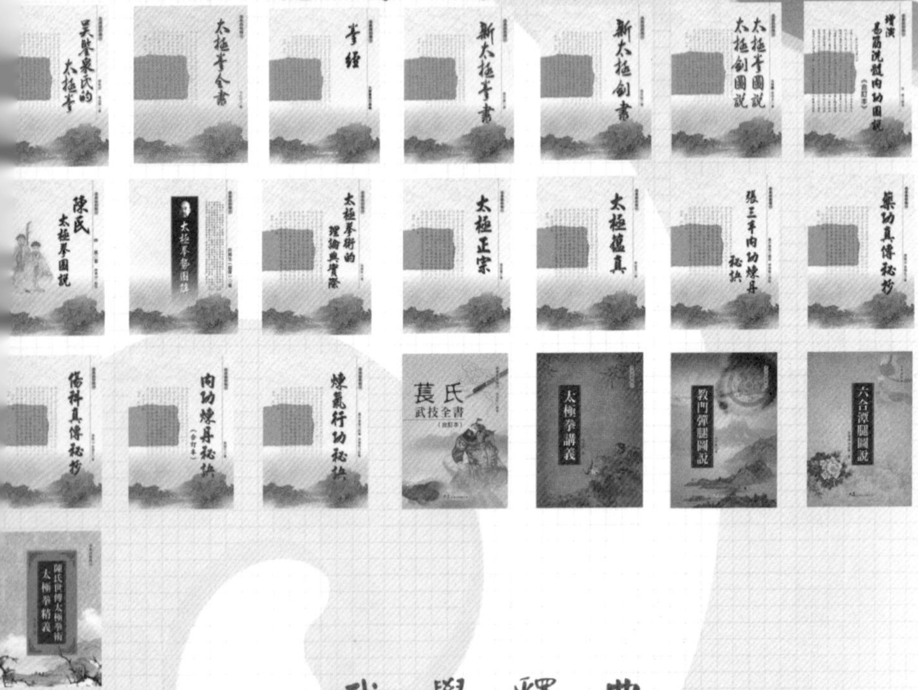
吳鑒泉氏的太極拳
太極拳全書
拳經
新太極拳書
新太極劍書
太極拳圖說
太極劍圖說
陳氏太極拳圖說
太極拳術的理論與實際
太極正宗
萇氏武技全書
太極拳講義
教門彈腿圖說
六合潭腿圖說
陳氏世傳太極拳術
太極拳精義

武學釋典

太極密碼
太極拳今論
意拳正軌
汪永泉
太極拳的力學原理
《易經》通俗解
太極拳理傳真
內家拳武術探微
拳道述真
懂勁
內家拳的瑰寶
走進王薌齋
太極拳心法體悟
太極拳勢通解
太極十三經心解
懂勁之後
內家勁的修煉

歡迎至本公司購買書籍

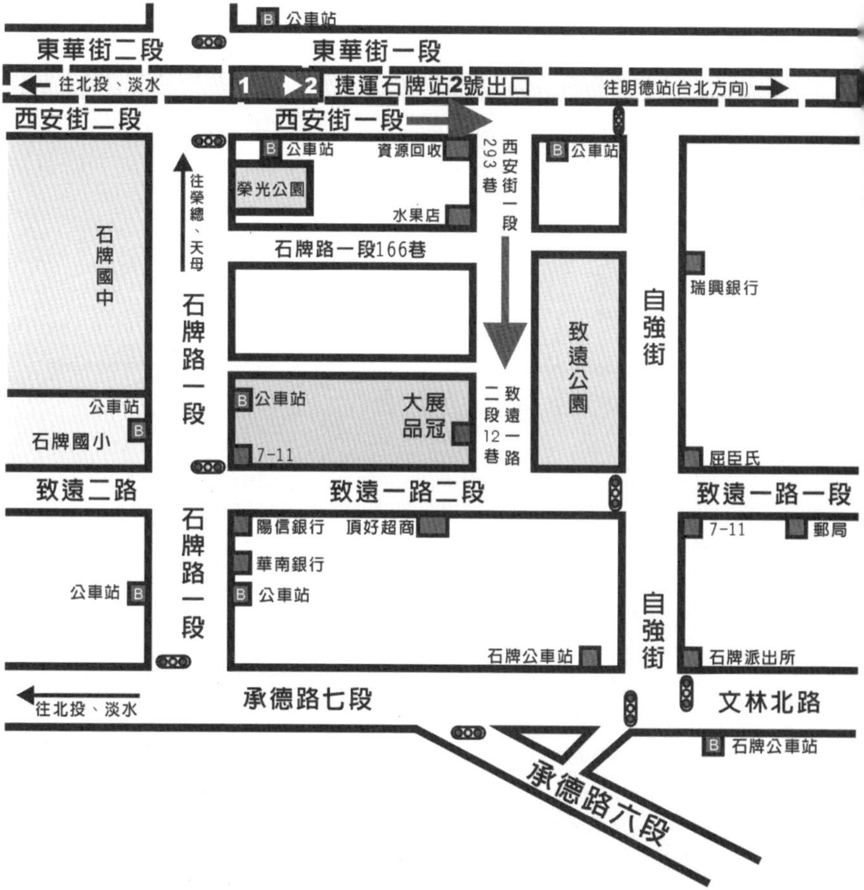

建議路線

1.搭乘捷運・公車

淡水線石牌站下車，由石牌捷運站2號出口出站(出站後靠右邊)，沿著捷運高架往台北方向走(往明德站方向)，其街名為西安街，約走100公尺(勿超過紅綠燈)，由西安街一段293巷進來(巷口有一公車站牌，站名為自強街口)，本公司位於致遠公園對面。搭公車者請於石牌站(石牌派出所)下車，走進自強街，遇致遠路口左轉，右手邊第一條巷子即為本社位置。

2.自行開車或騎車

由承德路接石牌路，看到陽信銀行右轉，此條即為致遠一路二段，在遇到自強街(紅綠燈)前的巷子(致遠公園)左轉，即可看到本公司招牌。

國家圖書館出版品預行編目資料

楊澄甫 太極拳使用法 / 楊澄甫 著；邵奇青 校註
- 初版 - 臺北市：大展，2017 [民 106.05]
面；21 公分 -（武學名家典籍校注；1）
ISBN 978-986-346-159-3（平裝）
1.太極拳
528.972　　106003249

楊澄甫太極拳使用法

著　　者 / 楊　澄　甫
校　　注 / 邵　奇　青
策　　劃 / 王　躍　平・常　學　剛
責任編輯 / 于　　　雷・胡　志　華
發 行 人 / 蔡　森　明
出 版 者 / 大展出版社有限公司
社　　址 / 台北市北投區（石牌）致遠一路 2 段 12 巷 1 號
電　　話 / (02) 28236031•28236033•28233123
傳　　真 / (02) 28272069
郵政劃撥 / 01669551
網　　址 / www.dah-jaan.com.tw
E-mail / service@dah-jaan.com.tw
登 記 證 / 局版臺業字第 2171 號
承 印 者 / 傳興印刷有限公司
裝　　訂 / 佳昇興業有限公司
排 版 者 / 千兵企業有限公司
授 權 者 / 北京科學技術出版社
初版1刷 / 2017 年（民 106） 5 月
初版2刷 / 2020 年（民 109） 8 月　　定價 / 400 元

大展好書　好書大展
品嘗好書　冠群可期

大展好書　好書大展
品嘗好書　冠群可期